品质课程
实验研究
丛书

丛书主编
杨四耕

聚焦儿童发展的课程范式

暖记忆课程的理念与实施

陈宏文 主编 刘玲萍 副主编

华东师范大学出版社·上海

图书在版编目(CIP)数据

聚焦儿童发展的课程范式：暖记忆课程的理念与实施/陈宏文主编.—上海：华东师范大学出版社，2020

(品质课程实验研究丛书)

ISBN 978-7-5760-0580-6

Ⅰ.①聚… Ⅱ.①陈… Ⅲ.①课程建设-教学研究-小学 Ⅳ.①G622.3

中国版本图书馆 CIP 数据核字(2020)第 122327 号

品质课程实验研究丛书
聚焦儿童发展的课程范式：暖记忆课程的理念与实施

丛书主编	杨四耕
主　　编	陈宏文
副 主 编	刘玲萍
责任编辑	刘　佳
项目编辑	林青荻
特约审读	陈成江
责任校对	唐诗文　时东明
装帧设计	张　页

出版发行	华东师范大学出版社
社　　址	上海市中山北路 3663 号　邮编 200062
网　　址	www.ecnupress.com.cn
电　　话	021-60821666　行政传真 021-62572105
客服电话	021-62865537　门市(邮购)电话 021-62869887
地　　址	上海市中山北路 3663 号华东师范大学校内先锋路口
网　　店	http://hdsdcbs.tmall.com/

印 刷 者	上海锦佳印刷有限公司
开　　本	787×1092　16 开
印　　张	12.5
字　　数	187 千字
版　　次	2021 年 3 月第 1 版
印　　次	2021 年 3 月第 1 次
书　　号	ISBN 978-7-5760-0580-6
定　　价	38.00 元

出 版 人　王　焰

(如发现本版图书有印订质量问题,请寄回本社客服中心调换或电话 021-62865537 联系)

编 委 会

主 编 陈宏文
副主编 刘玲萍
成 员 陈 娟　黄 瑜　凌国松　古晓兰　林 琼

丛书总序

实践，课程最美的语言

　　西方课程研究已有百余年历史，对课程实践影响比较大的当属课程开发模式研究。西方课程开发模式主要有以下几种：一是目标模式，它以明确的目标为中心开展课程研制，其代表人物有博比特、泰勒和布卢姆；二是过程模式，它旨在通过详细说明内容和选择内容，遵循程序原理来进行课程研制，代表人物是斯滕豪斯；三是情境模式，它强调社会文化情境的分析，反对脱离社会现实及学校具体情境的课程方案研制，劳顿和斯基尔贝克是其主要代表人物；四是实践模式，以施瓦布为代表，他认为，通过课程审议洞察具体的实践情境，提出可供选择的方案是课程开发的重要任务。

　　自20世纪90年代以来，课程研究者逐渐不再局限于依据某种单一的课程理论来进行课程设计，而是根据培养目标、学习者的特点等对多种课程设计理论进行整合，以实现课程开发目标。如我国课程学者在批判继承东西方课程理论合理内核的基础上提出了"人化—整合"课程研制方法论，指出了该方法论的教育学标准、范式坐标、本质特征及框架设想。（参见郝德永在2000年于教育科学出版社出版的《课程研制方法论》。）

　　创新是理论研究的生命。被誉为"现代课程理论之父"的泰勒在他的专著《课程与教学的基本原理》中提出，课程研究必须关注"四个基本问题"：学校应该达到哪些目标？提供哪些教育经验才能实现这些目标？怎样才能有效地组织这些教育经验？我们怎样确定这些目标正在得到实现？这四个基本问题构成了课程与教学的基本原理，为课程开发提供了坚实的理论基础和可靠的实践范式。我们提出的"首要课程原理"，是置身中国课程改革实践，吸纳西方课程研究成果，采取整合融贯的思维方式，在充满张力的文化场域中进行综合创造的结果。它创造性地将泰勒的"四个基本问题"发展为学校课程实践的"五个基本原理"：聚焦学习原理、情境慎思原理、文化融入原理、目标导引原理和扎根过程原理。其研究旨趣不是宏大庄严的理论,而在于回应课程变革的现实需求,更好地提升学校课程品质。

1. 聚焦学习原理:儿童成长是课程的焦点

杜威说:"儿童和课程仅仅是构成一个单一的过程的两极。"他以全新的视角揭示了一个观点,即课程内容的逻辑顺序与儿童生长的心理顺序在本质上是一致的,它们都是儿童主动活动的结果。为此,他提出要研究儿童不同发展阶段的需要与可能性,给儿童提供有助于其"生长"的课程。他说:"儿童的世界是一个具有他们个人兴趣的人的世界,而不是一个事实和规律的世界。儿童世界的主要特征,不是什么与外界事物相符合这个意义上的真理,而是感情和同情。"(杜威语)儿童需求是课程的核心,孩子们需要什么、喜欢什么,就给他配什么样的课程。杜威说:"兴趣的价值在它们所提供的那种力量,而不是它们所表现的那种成就。"这充分体现了儿童的"兴趣"和"感情",融通了"科学世界"与"生活世界"的诉求,它让每一个孩子乐在其中,有所感、有所思、有所悟、有所得。聚焦学习,回归生长,让儿童处于课程中央,这是学校课程深度变革的追求。

2. 情境慎思原理:清晰学校课程变革的起点

课程生成于特定的时代背景与文化架构之中,是文化选择的结果,我们不能脱离社会现实及学校具体情境在"真空"中开发课程。只有在"情境慎思"的基础上,我们才能准确把握学校课程变革的宏观背景,深刻理解课程变革的文化架构,进而准确地揭示课程的本质,制定出立足在地文化资源、基于学校发展实际的课程方案。英国课程学者劳顿指出:课程开发必须关注宏观文化背景,研制课程要先进行"文化分析"。除了关注宏观文化背景,还要对学校微观情境进行分析,将关注的焦点放在具体学校和教师身上。这是英国课程学者斯基尔贝克课程开发"情境模式"之核心观点。

3. 文化融入原理:让思想的光辉映照学校课程

在不少人的眼里,课程就是分门别类的"学习材料"。当我们走出这种视野,把课程理解为每一个人活生生体验到的存在的时候,课程就具有了全新的含义,它不再只是一堆材料,而是一种"复杂的会话",一种可以进行多元解读的"文本"。通过"解读"我们可以获得多元话语,通过"会话"我们可以得到关于课程的独特理解。派纳说:"课程是一个高度符号性的概念,它是一代人努力界定自我与世界的场所。"它允许人们从不同的视域来理解课程,通过个性化的"复杂会话",课程那被久久遗忘的意义得以澄明:"学校课程的宗旨在于促使我们关切自己与他人,帮助我们在公共领域成为致力于建设民主社会的公民,在私人领域成为对他人负责的个体,运用智力、敏感和勇气思考与行动。"在这里,"课程不再是一个事物,也不仅是一个过程。它成为一个动词,一种行动,一种社会实践,一种私人的意义,一种公共的希望"。

4. 目标导引原理:让学校课程变革富有理性精神

如前所述,泰勒提出了课程开发的基本问题即著名的"泰勒原理"。由此,他建立了课程研制活动的四个基本环节:确定基本目标,选择学习经验,组织学习经验,评价学习结果。我们认为,学校课程变革不是漫无目的的"撒野",而是基于目标的牵引,匹配课程、实施课程、评价结果的过程,是让理性精神照耀学校课程变革的过程。

5. 扎根过程原理:激活学校课程变革图景

英国课程学者斯滕豪斯在1975年出版的《课程研究与研制导论》中,首倡课程开发的过程模式。过程模式重视基于"教育宗旨"的课程活动过程,强调通过对知识形式和活动价值的分析来确定内容,主张通过加强教师的发展来激活学校课程,要求教师在课程开发过程中,通过反思澄清隐含在课程实践过程中的价值要素,提升课程实践过程的价值理解力和判断力。美国课程学者施瓦布认为:课程是一个相互作用的"生态系统",它是建立在对课程意义的"一致性解释"基础上,通过这个"生态系统"要素间的相互理解、相互作用,实现学生学习需求的满足和德性的生长。因此,课程变革必须激活包括教师和学生在内的课程实践过程,回归课程的实践旨趣。

我们认为,"首要课程原理"是对课程现象、课程关系及其矛盾运动的理性认识,是建立在客观的课程事实、课程现象基础上的,通过归纳、演绎等科学方法,由概念、判断和推理构成的观念体系。它不是零碎的观点,有着自己独特的形式结构,是由不同要素构成的复杂理念系统。"首要课程原理"也是动态生成的观念系统,不是金科玉律式的教条,不是封闭的符号化知识体系,而是有待改进与完善的学校课程变革建议。"首要课程原理"具有实践浸润性,不是理论循环自证的形上之思,它是为了课程实践,通过课程实践,在课程实践中,浸润在实践与实验中不断生长的课程理论。

实践,课程最美的语言。经过十多年的实验与研究,我们深深感受到,学校课程实践的复杂性需要整合性的课程理论架构作指导。"首要课程原理"是在潜心梳理现有课程理论成果过程中,发现其固执一端的弊端而获得方法论启迪的,它是以综合创造思维对各流派课程理论进行概括、提炼与建构的结果。它是课程研制要素在时间和空间上相对稳定的联系方式的理性表达,既是从过去状况到现实经验的情境分析,也是对课程理想状态的整体设计。可以说,"首要课程原理"是课程理论的精华与课程实践的智慧,具有观点深刻性、架构系统性及实践指向性等特点。

"品质课程实验研究丛书"是我们运用"首要课程原理"开展课程行动研究,促进一批学校推进课程深度变革的成果。我们期望通过试验与实证、归纳与演绎,逐步完善"首要课程原理"系列命题,建立理论性与实践性并存、可重复、可操作的课程知识体系,真正提升学校课程实践品质。

课程是理论的实践表达,理论是实践的理性观念,让课程理论与实践良性互促是课程研究的神圣使命。富有原创性的课程理论,不仅启发无尽的思考,也启示实践的路向,激发课程变革的热情。一种好的理论,应当顶天立地,上通逻辑,下连实践,体现思辨的旨趣,充满生命活力。

杨四耕

2020 年 6 月 5 日于上海市教育科学研究院

目录

总论　为了儿童发展的课程模型／1

一、学校课程哲学：育人质量的价值定位／3
二、学校课程目标：儿童图像的课程界定／5
三、学校课程框架：直抵育人的课程建构／6
四、学校课程实施：回归育人的学习图景／9

第一章　小博士课程／23

布鲁诺曾说："科学是使人的精神变得勇敢的最好途径。"当今世界，科学发现与技术创新不断涌现，为人类在更大范围、更深层次上认识并合理利用自然提供了可能。儿童时期的科学教育对于人的科学素养的形成具有重要作用。小博士课程注重让学生经历与科学家相似的探究过程，弥补了学科教学的不足，让学校课程更丰富、更完善。

课程智慧1-1	建筑模型／28	课程智慧1-6	无人机／45
课程智慧1-2	3D打印／31	课程智慧1-7	种植／49
课程智慧1-3	科学观察／35	课程智慧1-8	天文科普／52
课程智慧1-4	小小科学家／39	课程智慧1-9	机器人／55
课程智慧1-5	科幻画／42		

第二章　小文人课程 / 59

"书籍是人类知识的总结，书籍是全世界的营养品。"读书可以让人保持思想活力，让人得到智慧启发，让人培育浩然之气。当今社会，读书应该成为一个人的一种生活方式。经典诵读、口语交际、书法等小文人课程对于帮助儿童了解传统文化，培养良好道德品质和文明行为习惯具有深远的意义，对小学生的眼界、胸怀、志气、品格修养的提高大有帮助。

课程智慧2-1	硬笔书法 / 63
课程智慧2-2	软笔书法 / 66
课程智慧2-3	经典诵读 / 70
课程智慧2-4	口语交际 / 74

第三章　小达人课程 / 79

美是生命的造物主，它源于生活，源于人心灵深处的体验和无限创造力，它是人类生命长河中的一股清流。而艺术审美是人的"修养教育"，是做人的教育。对个人来说，是获得自由和解放的途径，是认识自己，提高自己，获得智慧的方法。在信息时代，艺术的感受、想象、创造等能力，已成为现代社会需要的综合型人才所不可缺少的素质。培养学生的艺术能力和技能，不仅对学生的生活、情感、文化素养和科学认识等产生直接与间接的影响，同时还培养学生的整合创新、开拓贯通和跨域转换的多种能力，促进人的全面发展。

课程智慧3-1	古筝 / 84
课程智慧3-2	少儿拉丁舞 / 87
课程智慧3-3	合唱 / 90
课程智慧3-4	芭蕾舞 / 93
课程智慧3-5	十字绣 / 96
课程智慧3-6	缝纫 / 99
课程智慧3-7	编织 / 102
课程智慧3-8	烘焙 / 105
课程智慧3-9	剪纸 / 108
课程智慧3-10	木工 / 111
课程智慧3-11	烹饪 / 115

第四章　小健将课程 / 119

苏霍姆林斯基说过:"我们力求使学生深信,由于经常的体育锻炼,不仅能发展身体美的和谐,而且能形成人的性格,锻炼意志力。"小健将课程把以体育德、以体益智、以体强志、以体养性作为课程理念,结合体育学科特点、学生的年龄特点、学生生长发育、掌握动作技能的特点和体育教师的特长开设各种各样的课程,在一定程度上满足了不同学生对各类体育项目的需求,能充分激发学生的学习动机。最终通过小健将课程的实施,让学生更加乐意走到操场上,走到阳光下参与体育活动,从而不断增强体质、意志,增进健康,为今后的学习生活打下坚实的身体基础。

课程智慧 4-1	快乐独轮车 / 123
课程智慧 4-2	少儿街舞 / 126
课程智慧 4-3	小剑客 / 129
课程智慧 4-4	乒乓球 / 132
课程智慧 4-5	篮球 / 135
课程智慧 4-6	足球小健将 / 139
课程智慧 4-7	国际象棋 / 142
课程智慧 4-8	小小武术家 / 146

第五章　小公民课程 / 151

俗语说"少成若天性，习惯如自然"。意思是说，儿童时期养成的习惯就像人的天性一样牢固，很难改变。著名教育家叶圣陶先生说过："教育就是习惯的培养。"我们认为，小学阶段是公民意识、公民道德和公民素养形成的基础时期，也是关键时期，这一时期的学校开展公民教育应该聚焦学生发展核心素养，以培养"现代的中国小公民"为基本价值追求，最终将学生培育成肩负祖国和人民重托的时代新人。

课程智慧 5-1	"雏鹰假日小队"行动 / 156
课程智慧 5-2	纪念日主题教育 / 160
课程智慧 5-3	少先队小干部队伍教育 / 163
课程智慧 5-4	仪式教育 / 167
课程智慧 5-5	茶艺 / 171
课程智慧 5-6	广府文化 / 174

后记 / 180

总论 为了儿童发展的课程模型

我校始建于1954年，原名为珠江小学，1996年9月整体搬迁到荔园小区，更名为黄埔区荔园小学。2000年被评定为广东省一级学校，2004年通过了省一级学校复评，现为广东省标准化学校。学校现有教学班24个，学生1 077名，教师58名。学校目前是国家语言文字规范化学校、全国体育大课间活动示范基地、全国校园篮球特色学校、全国青少年科学调查体验活动优秀活动示范学校、教育部学校规划建设发展中心第一批未来学校（中小学、幼儿园）实验研究课题合作单位、广东省首批德育示范学校、广东省语言文字规范化示范学校、广东省红领巾示范校、广东省红旗大队、广东省英特未来教育示范学校、广东省中小学校长培训实践基地、广东省青少年科学教育特色学校、广东省依法治校示范校、广州市家长学校示范学校、广州市安全文明校园、广州市健康学校、广州市垃圾分类示范校、广州市少先队工作先进学校。

一、学校课程哲学：育人质量的价值定位

儿童是上天赐予我们的宝贝，是世界的未来，是人类的希望。我们的儿童观是：每一个孩子都重要；每一个孩子都是一个奇迹；每一个孩子都有其与生俱来的天赋和特长，需要被激发、被点燃。

从心理学的角度来说，每个人都渴望被赞赏、被尊重、被认可。因此，每一个教育者应该建立起这样一个信念：只要我们能够给每一个孩子提供适合他的教育，激发出他对自我价值的认识，建立起他对自己拥有才智的自信心，其实每一个孩子都能获得成功——这就是学校文化的核心，也就是我们的教育理想和信念，代表着我们对教育和人的本质的看法。

我们尊重孩子的个性差异，公平地对待每一个孩子，关注每一个孩子的心灵成长，努力找到每一个孩子的闪光点，给他们展示的机会和平台，建立他们的自信心，让他们主动地发展。

我校的教育哲学：童心教育。我们提出了"让每一颗童心都灿烂"的办学理念。我们认为，只有努力让孩子眼界开阔，精神舒展，灵魂自由，这样孩子才能形成最具发展潜力的好个性，才有机会创建自己的幸福人生。

学校课程理念：点亮童心，温暖童年。我们要让孩子在荔园小学学习的时光，成为他们人生当中一段温暖而美好的记忆；让孩子通过在荔园小学的学习，成为一个真实、善良、健康、快乐的有丰富内心世界的人。"穷则独善其身"，尽量不给别人添麻烦，不做精致的利己主义者，不会为了自身获利而去伤害别人、伤害社会；"达则兼济天下"，尽所能帮助他人，让世界变得更加美好。我们认为：

——课程即温暖记忆。"暖记忆课程"是感受生命之美好的课程。我们的任务不仅仅是要培养具有扎实学识的学生，更重要的是要培养学会合作、学会感恩、学会交往、学会生活的"有温度"的社会公民。当荔园小学的学子离开学校，回忆起六年成长的点点滴滴时，在他们的头脑中永远保存着对母校最温暖的回忆。荔园小学的"暖记忆课程"，给孩子们留下一段充满爱与温暖的美好记忆，也为孩子们正确地理解生活的意义和个体存在于这个社会的价值，培养健康的社会兴趣和人际交往能力，从而不断地超越自我，实现自身与社会的和谐发展提供丰富而精致的环境以及真实的体验。

——课程即广阔世界。"暖记忆课程"是体验生命之美好的课程。我们认识到，除了教学，学校还可以发挥更大的作用，确保每个孩子都享受到教育的益处，并协调社会所有的服务部门，使得每个孩子都得到所需的帮助和支持，不断进步。所以我们十分关注地域文化，与学校所在区域的许多部门保持良好的联系与沟通，建设强大的学校办学支持系统，为孩子们提供丰富而优质的成长环境，力争让每一个孩子都成长为社会的有用之才。

——课程即生命旅途。"暖记忆课程"是理解生命之美好的课程。我们常常在思考，孩子在荔园小学生活和学习了六年，毕业时应该带走什么？我们希望，首先应该带走的是一段充满爱与温暖的美好记忆。这段色彩斑斓的童年记忆，承载了孩子对美好生活的理解，也承载了孩子继续追求美好生活的决心和勇气。

——课程即自我生长。"暖记忆课程"是创造生命之美好的课程。人的潜力是没有局限的,只要肯去挖掘,每个人都有成功和飞跃的机会。因此,我们坚信"每一个孩子都能成为更好的自己",努力让每一个孩子的成长需要都得到满足,为每一个孩子搭建个性化发展的平台,发展孩子的心智长项,建立孩子的学习信心,激发孩子主动学习的内驱力,使他们能够自主学习、自我发展。

我们强调个体的参与和体验,建构以小组合作学习、"做中学"为主要模式的教学方法,倡导启发式、探究式、讨论式、参与式的多元化教学方式,帮助孩子学会学习,激发其好奇心,培养孩子学习的持久性,关注其心灵成长,让孩子拥有快乐而精彩的学习旅程。

总之,我们的课程模式是让学生通过感受、体验、理解、创造生命之美好的一系列过程,最终形成学生生命中的"暖记忆"。

二、学校课程目标:儿童图像的课程界定

"感恩心做人,责任心做事"是我校一直奉行的育人目标和原则。作为黄埔区的标杆小学,荔园小学的育人使命与区域的历史文脉、战略发展息息相关,一方面是民族精神作为立身之本,另一方面是国际视野作为放眼四海的广博胸怀。荔园小学的育人过程正是对此目标的追求并与此相呼应,它是荔园小学育人使命的现代诠释。

我们要努力把学生培养成"爱家国,知感恩;有梦想,敢担当;会学习,能探究;有情趣,能审美;爱运动,乐生活"的具有民族精神和国际视野的合格现代小公民。

——爱家国,知感恩。家国情怀是中华民族最伟大的情怀与传承;感恩是一个人责任感、使命感的源泉,感恩教育是当代小学生的必修课。

——有梦想,敢担当。有梦想的人生是快乐的人生,敢担当的人生是崇高的人生。梦想与担当同在,相辅相成。

——会学习,能探究。探究性学习是学生自主探索问题、研究问题、解决问题、获取知识的一种学习方式。

——有情趣,能审美。艺术的最高目的,就是使人们更深地懂得生活,进而更

加热爱生活。审美教育是学生全面发展教育中不可缺少的组成部分,当我们给他们一种起着心灵感应作用的审美教育时,就能让学生在美的享受中接受高尚、健康的思想情感的熏陶,这是一般道德说教难以达到的。

——爱运动,乐生活。生命是一段旅程,人生是一场修行。运动是一切生命的源泉。我们应该培养学生对运动的热爱、对生活的热爱,对生命的执着。

学校的育人目标必须通过课程目标达成,为了实现我校的育人目标,我校课程目标分低中高年级,细化如下:

课程目标细化表

育人目标＼课程目标	低 年 级	中 年 级	高 年 级
爱家国 知感恩	爱家人、尊师长;并会对家庭和学校的付出表示感谢。	热爱祖国热爱社会;自己能做的事不麻烦他人;能为同学、老师、家人提供力所能及的帮助。	学会对生活感恩;感恩自己目前拥有的一切,并转化为学习和前行的动力。
有梦想 敢担当	能树立小目标;能同学和睦相处。	有自己的近期规划,并为之努力。	学会换位思考,承担起自己的责任与义务。
会学习 能探究	养成基本的听说读写兴趣和习惯;能在日常生活中提出"为什么"和有自己的看法。	热爱学习、喜爱阅读、感受科学的魅力、独立思考;积累一定的知识和学习技能;养成读书看报的习惯。	能利用原有知识经验,去解决问题,通过"学、思、问、探"等多种方式,去挖掘自己的内在潜力,既获得新知,又培养学习能力和掌握一定的探究方法。
有情趣 能审美	培养基本的艺术爱好;积极参与各项活动;初步形成感受美的能力。	开发对艺术的感知力、体验艺术带来的美感;能简单美化自己和身边环境。	在各项艺术活动中提高艺术欣赏水平与创造能力,并有一定艺术底蕴;有1项以上艺术特长。
爱运动 乐生活	掌握体育运动的基础知识和基本技能;养成运动的兴趣与习惯。	养成主动参与锻炼、竞争进取的意识;热爱运动,进而热爱生活。	掌握2项以上运动技能;热爱生活;关注自己与他人的身心健康。

三、学校课程框架:直抵育人的课程建构

我校严格按照国家课程标准开足开齐开好课程,在此基础上结合我校"童心教

育"之哲学，开发出"暖记忆课程"体系，包括小博士课程（科学探索课程）、小文人课程(语言交流课程)、小达人课程(艺术审美课程)、小健将课程(运动健康课程)、小公民课程(道德与法治课程)五大类，其中又包括分年级课程(必修)与混龄课程(选修)。

（一）分年级必修课程

"暖记忆课程"体系分年级必修课程表

		小博士课程 （科学探索）	小文人课程 （语言交流）	小达人课程 （艺术审美）	小健将课程 （运动健康）	小公民课程 （思想品德）
一年级	上	数学 科学	语文 《三字经》诵读 阅读 英语 Sight words	音乐 弦乐入门 美术 科幻画	队形队列操（一） 街舞操 功夫操 柔韧操 田径：快速跑 国际象棋入门	班队会 品德与生活 心理健康 健康教育 专题教育 （附件三） 研究性学习 （附件四）
	下	数学 科学 科技嘉年华	语文 《三字经》诵读 美文阅读 英语 外教口语 Sight words	音乐 弦乐入门 美术 科幻画	太极操 技巧：跳绳（初级） 田径立定跳远 投掷：持轻物投掷 国际象棋提高	班队会 品德与生活 心理健康 健康教育 专题教育 研究性学习
二年级	上	数学 科学	语文 中华经典诵读 阅读 英语 外教口语 Phonics	音乐 弦乐基础 美术 科幻画	队形队列操（二） 街舞入门 技巧：跳绳（提高） 田径：快速跑 技巧：前滚翻	班队会 品德与生活 心理健康 健康教育 专题教育 研究性学习
	下	数学 科学 科技嘉年华	语文 中华经典诵读 阅读 英语 外教口语 Phonics	音乐 弦乐基础 美术 科幻画	街舞提高 投掷：垒球 田径：站立式起跑 技巧：跳大绳	班队会 品德与生活 心理健康 健康教育 专题教育 研究性学习
三年级	上	数学 科学 综合实践活动 学习地震知识 天文外观	语文 《论语》 硬笔书法 阅读 英语 外教口语 绘本阅读	音乐 管乐入门 长笛 美术 科幻画	队形队列操（三） 足球入门：脚内侧 踢接地滚球、脚背 外侧直线运球 技巧：后滚翻 田径：蹲踞式起跑	班队会 品德与社会 心理健康 健康教育 专题教育 研究性学习

续 表

年级		小博士课程（科学探索）	小文人课程（语言交流）	小达人课程（艺术审美）	小健将课程（运动健康）	小公民课程（思想品德）
三年级	下	数学 科学 综合实践活动 垃圾分类小能手 科技嘉年华	语文 《论语》 硬笔书法 阅读 英语 外教口语 绘本阅读	音乐 管乐入门 长笛 美术 科幻画	足球入门：脚内侧射门、运球绕杆 技巧：仰卧后起成拱桥 田径：接力跑	班队会 道德与法治 心理健康 健康教育 专题教育 研究性学习
四年级	上	数学 科学 信息技术 综合实践活动 最高品质课程 天文外观	语文 《论语》 软笔书法 阅读 英语 外教口语 绘本阅读	音乐 管乐基础 长笛班 口风琴 美术 科幻画	篮球入门：基本运球、投篮 田径：耐力跑 技巧：肩肘倒立	班队会 品德与社会 心理健康 健康教育 专题教育 研究性学习
四年级	下	数学 科学 信息技术 综合实践活动 最高品质课程 科技嘉年华	语文 《论语》 软笔书法 阅读 英语 外教口语 绘本阅读	音乐 管乐基础 长笛班 口风琴 美术 科幻画	篮球入门：传球、三步上篮、基本防守动作 游泳：蛙泳	班队会 品德与社会 心理健康 健康教育 专题教育 研究性学习
五年级	上	数学 科学 信息技术 综合实践活动 掷一掷 天文外观	语文 唐诗宋词诵读 软笔书法 阅读 英语 外教口语 绘本阅读	音乐 管乐提高 长笛 美术 科幻画	篮球提高：变向运球、进攻脚步、传切配合 田径：耐力跑、急行跳远	班队会 品德与社会 心理健康 健康教育 专题教育 研究性学习
五年级	下	数学 科学 信息技术 综合实践活动 探索图形 科技企业夏令营 科技嘉年华	语文 唐诗宋词诵读 软笔书法 阅读 英语 外教口语 绘本阅读	音乐 管乐提高 长笛 美术 科幻画	篮球提高：单挡掩护、挡拆配合、防守选位 田径：跨越式跳高 技巧：花式跳绳	班队会 品德与社会 心理健康 健康教育 专题教育 研究性学习
六年级	上	数学 科学 信息技术 综合实践活动 确定起跑线 节约用水 天文外观	语文 经典美文诵读 软笔书法 阅读 英语 外教口语 绘本阅读	音乐 管乐提高 长笛 口风琴 美术 科幻画	乒乓球入门：左推右攻、正手发球、基本移动步法 体能课：绳梯练习	班队会 品德与社会 心理健康 健康教育 专题教育 研究性学习

续表

	小博士课程 （科学探索）	小文人课程 （语言交流）	小达人课程 （艺术审美）	小健将课程 （运动健康）	小公民课程 （思想品德）
六年级下	数学 科学 信息技术 综合实践活动 自行车里的数学 有趣的平衡 科技嘉年华	语文 经典美文诵读 软笔书法 阅读 英语 外教口语 绘本阅读	音乐 管乐提高 长笛 口风琴 美术 科幻画	乒乓球提高：左推右攻（打落点）、正手发旋球 体能课：跳箱练习、拉力绳练习	班队会 品德与社会 心理健康 健康教育 专题教育 研究性学习

（二）混龄选修课程

"暖记忆课程"体系混龄选修课程表

	小博士课程 （科学探索）	小文人课程 （语言交流）	小达人课程 （艺术审美）	小健将课程 （运动健康）	小公民课程 （思想品德）
具体课程	3D打印 机器人 科学观察 小小科学家 天文科普 建筑模型 种植 科技幻想画 无人机	经典诵读 软笔书法 硬笔书法 口语交际	烘焙 烹饪 木工 编织 十字绣 剪纸 芭蕾舞 合唱 古筝 缝纫 拉丁舞	篮球 足球 乒乓球 独轮车 国际象棋 击剑 武术 街舞	广府文化 礼仪茶道 仪式教育 小干部队伍教育 "雏鹰假日小队"行动 纪念日主题教育

四、学校课程实施：回归育人的学习图景

学校课程是反映学校办学的核心，其实施途径与策略是学校课程建构的重要组成部分，也是凸显课程功能、达成课程目标、实现价值的关键环节。

（一）构建"童心课堂"，推进学科基础课程的有效实施

"童心课堂"就是"以儿童为中心"。在课堂教学中，老师应考虑儿童的个性特

征,使每个学生都能发展他们的特长,尊重儿童在教育活动中的主体地位,即遵循儿童发展规律,走进儿童心灵,以童真、童趣、童和、童创发展学生的童智,来发现儿童、尊重儿童、相信儿童、赏识儿童、发展儿童。具体来说就是老师要在课堂上创设童趣盎然的教学情境,激发学生学习的兴趣,让学生始终处于一种良好、和谐、愉悦的学习氛围中,让每个孩子都觉得学习是快乐的,是幸福的,并且乐此不疲。

"童心课堂"有以下特点:教学目标上,体现"情智"互促;教学内容上,体现"丰富"意识;教学过程上,体现"和谐"要求;教学方法,灵动;教学评价,多元;教学文化,大爱。

"童心课堂"是有趣的课堂,应按照"儿童的样子",遵循儿童生命发展的"次序"与"规律"对儿童实施教育。每一个孩子都是学习的主体,应为每一个孩子搭建个性化的平台,发展孩子的心智长项,建立孩子的学习信心,激发孩子主动学习的内驱力,使他们能够自主学习、自我发展。

"童心课堂"是丰富的课堂。童心课堂把世界当作教材,而不是把教材当作世界。生活即教育,我们的学生走出课堂,通过小组合作的方式探索世界。

"童心课堂"是和谐的课堂。"和谐"是有效课堂的追求目标,课堂教学体现出塑造学生和谐、健全的人格的教学理念。根据学生的年龄特点和个性特长,设置多种课程,以满足学生的发展。

"童心课堂"评价标准表

评价项目	具体要求	分	值			得分
教学目标上,体现"情智"互促	内容简约,选择恰当,与教学目标相对应。	10	8	6	4	2	
	教学目标具体明确,符合课程标准要求、教材和学生的实际,体现出"情"与"智"的互相促进。	10	8	6	4	2	
教学过程体现"和谐"	教学过程结构合理,讲练时间分配恰当,教学效率高。	10	8	6	4	2	
	教学过程师生互动和谐,充分体现学生的主体地位,学生参与度高,练习有层次性、启发性。	10	8	6	4	2	
教学方法体现"灵动"	教学方法多样,能满足不同学生的需求,贴合学生身心发展规律。	10	8	6	4	2	
	教学方法多变。	10	8	6	4	2	

续表

评价项目	具体要求	分 值					得 分
教学评价多元化	达到教学目的,全体学生理解掌握教学内容。	10	8	6	4	2	
	课堂气氛活跃而有序,学生参与度高,思维活跃,具有创新性。	10	8	6	4	2	
	评价方式可操作性强,方法科学,具有激励性和制约性。	10	8	6	4	2	
	评价方式多样化,突出过程性评价为主、终结性评价为辅的评价体制。	10	8	6	4	2	
总 评							
备 注							

(二)建设"童心学科",落实学科拓展课程

我们研制特色学科建设方案,落实"1＋X"学科课程群。

1."童化语文"学科课程群

语文科组在按照课程大纲完成教学任务的前提下,充分发掘资源,开发校本课程。并针对儿童学习的不同阶段,在各年级分别展开不同主题的学习,形成语文学科的特色课程群,这些由教师开发的学科延伸课程既可以独立实施,也可以与基础型课程进行整合,嵌入教师课堂教学的某一环节来落实。这样,我们就有了不一样的课堂和不一样的教学。

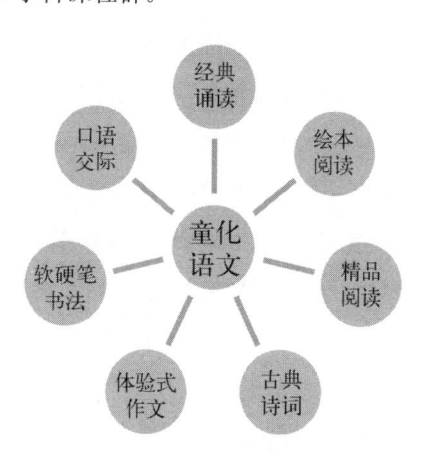

童化语文：经典诵读、绘本阅读、精品阅读、古典诗词、体验式作文、软硬笔书法、口语交际

2."童趣英语"学科课程群

英语科组在按照课程大纲完成教学任务的前提下,充分发掘资源,开发校本课程。并针对儿童学习英语的特点,在不同的年级开展该年级的特色课程。例如,一年级学生形象记忆能力强,我们就开展"sightwords"(高频词)的学习;二年级开始学习字母,对音素发音敏感,我们就开展"phonics"(自然拼读)教学。这些由教师开发的学科延伸课程既可以独立实施,也可以与基础型课程进行整合,嵌入教师课堂教学的某一环节来落实。

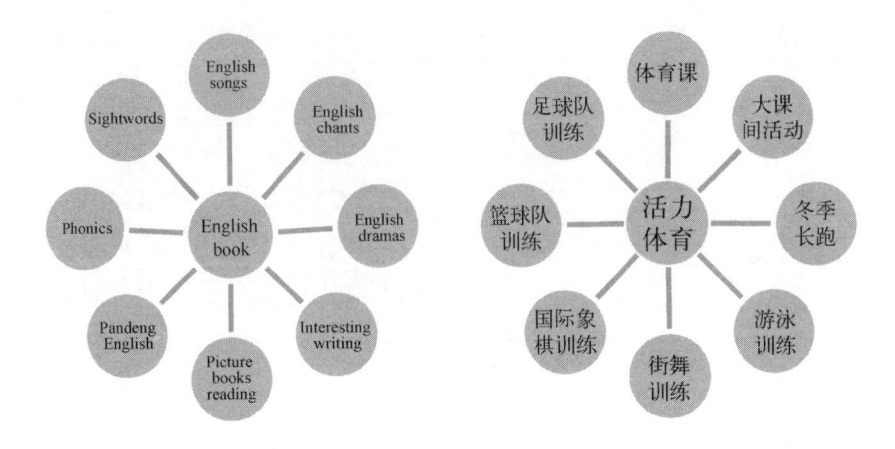

3. "活力体育"学科课程群

体育是我校的特色学科,体育科组结合学校计划展开各种层次的教学。在完成教学大纲任务的前提下,分年级开展年级特色体育项目,如二年级的街舞、四年级的游泳;全校性的体育活动如大课间、功夫操和冬季长跑等;同时组建篮球、足球、街舞、击剑等特色校队,大大丰富了课程内涵。

4. "磁性科学"学科课程群

科学是我校的特色学科,科学科组在完成教学大纲任务的前提下,联合社区、科研院所、企业,有计划地展开各种层次的活动。分年级开展年级特色科技项目,如一年级的"交通安全伴我行"、三年级的"小小设计师";全校性的"科技嘉年华""科学调查体验活动"等;同时组建创客、机器人、3D打印等社团,大大丰富了课程内涵。

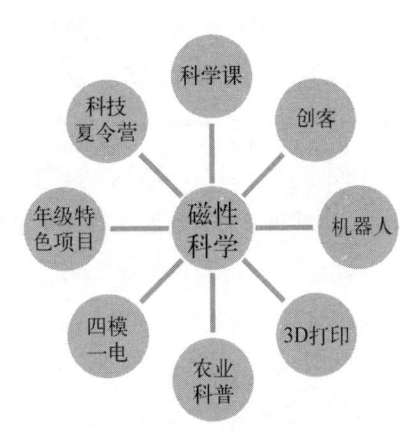

5. "炫丽音乐"学科课程群

音乐科组结合学校计划开展了各种兴趣班的教学,丰富了学生的校园生活,提高了学生学习音乐的兴趣。如合唱队、舞蹈队、管乐队、弦乐队、古筝队、啦啦操队、拉丁舞队、长笛队等,大大丰富了课程内涵。此外,音乐科组有针对性地参加了各种比赛活动,如参加了羊城美育节的舞蹈比赛,"童心向党"歌唱节的比赛,器乐的比赛,拉丁舞比赛,等等,形成音乐学科的特色课程群,我们就有了不一样的音乐课堂。

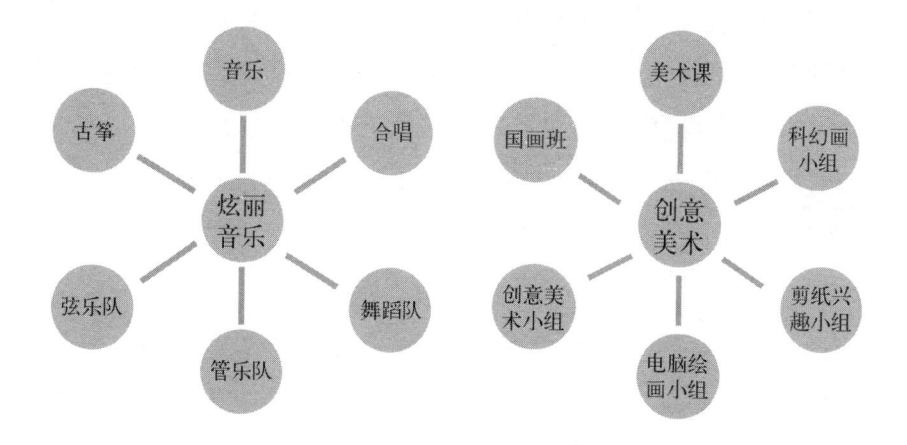

炫丽音乐课程群：古筝、音乐、合唱、舞蹈队、管乐队、弦乐队

创意美术课程群：国画班、美术课、科幻画小组、剪纸兴趣小组、电脑绘画小组、创意美术小组

6. 创意美术课程群

美术科组结合科幻画特色学校这一特色项目，把科幻画创作有机地渗透到美术教学中，每学年举行百人科技书画专场比赛，每一个学生都会参与学校的初赛，充分发挥科幻画育智、育人的教育功能，有效地开展各种兴趣班教学，提高学生的美术素养。如科幻画兴趣小组、剪纸兴趣小组、电脑绘画兴趣组、创意美术班、国画班、硬笔书法班等，大大丰富了课程内容。

7. "灵动数学"学科课程群

数学科组在按照课程大纲完成教学任务的前提下，针对儿童的年龄特点和学习的不同阶段，充分发掘课程资源，开发校本课程，高、中、低学段分别展开不同主题的学习活动。如：一、二年级以数字、图形等为基本的创作素材进行"数学创意绘画"活动，三、四年级进行"24点"数学游戏活动，五、六年级进行"数学手抄报系列创作"活动，创作内容丰富，

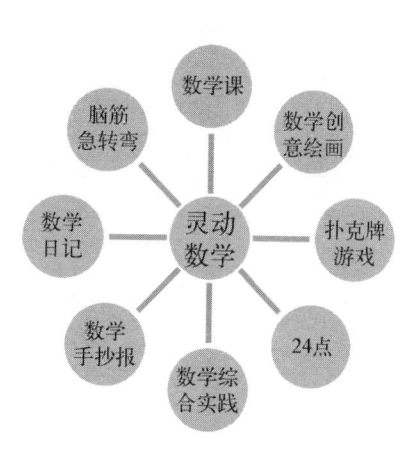

灵动数学课程群：数学课、数学创意绘画、扑克牌游戏、24点、数学综合实践、数学手抄报、数学日记、脑筋急转弯

可包括：数学家故事、数学名人名句、数学名题趣题、脑筋急转弯、数学日记……形成数学学科的特色课程群，这些由教师开发的延伸课程既可以独立实施，也可以与基础型课程进行整合，还可以灵活嵌入教师课堂教学的某一环节来落实。这样不但丰富了数学课程内容，而且为每一个学生展示自身的聪明智慧提供了平台。

总论　　为了儿童发展的课程模型

我们推进特色学科建设评估,循环推进学科特色课程建设。每学年组织开展特色学科建设评估活动,从学科教育教学理念、学科教学开展情况、特色学科开展效果等方面开展汇报和评价。

特色学科建设评估标准表

评价项目	具体要求	分值					得分
决策因素	遵循学科发展的内在逻辑,遵循教育发展的客观规律,与基础教育的目的、功能相吻合,满足学生的发展需求、符合学生的个性发展要求。	10	8	6	4	2	
	切合学校已有的学科传统,符合学校资源配置的实际情况,从学校的实际问题出发,结合学校教学改革的需要。	10	8	6	4	2	
	提出具有明确目标、符合学校发展水平的可持续发展的学科发展规划。	10	8	6	4	2	
	内容简约,选择恰当,与教学目标相对应。	10	8	6	4	2	
内容因素	有完整的学科课程体系以及多样化的学科课程;形成以学科为核心的、围绕与其密切相关的学科领域,相互渗透、相互交叉、相互支持、互相依托的学科课程群。	10	8	6	4	2	
	建设一支富有活力、勇于创新、结构合理的学科梯队;拥有一定影响力的学科带头人和科研能力较强的学科骨干。	10	8	6	4	2	
	形成具有本校特色的学科有效教学方法和经验,教师建构个性鲜明的课堂教学,形成具有个性特征的教学特色;具有完善的学科教研制度。	10	8	6	4	2	
	学生对学习具有浓厚的兴趣和主动学习的意愿,养成良好的学习习惯,掌握有效的学习方法,获得优秀的成果,产生积极的作用。	10	8	6	4	2	
效果因素	开展与特色学科相关的课题研究,取得反映研究质量的科研成果,开发出有特色的学科教材,发表、出版关于特色学科建设的文章和著作等。	10	8	6	4	2	
	特色学科取得一定理论与实践经验,得到学生、教师、家长的认可与支持;形成的经验具有一定的推广性,成为其他学校借鉴的对象。	10	8	6	4	2	
总 评							
备 注							

(三) 创设"童心节日",推进活动课程的全面实施

开展有校本特色的"每月一节"系列学术节,以一系列学术节作为"童心"的活动载体,丰富学生的生活,发挥学生的特长,展示学生的才能,促进学生的发展。

1. 读书节。我校的办学特色之一是创建"书香校园",学校充分整合、利用环境资源,创造书香氛围浓郁的校园环境,引导学生博览群书、开拓视野、丰富知识储备、不断提升整体综合素质。我校语文科组依据每年的学校工作计划设计校园读书节系列活动,有方案、评比和表彰等,安排如下:

三月:读书节活动开幕式、汉字书写大赛、讲故事比赛和手抄报比赛;四月:经典诵读比赛、跳蚤书市活动;读书节闭幕式。

2. 体育节。学校体育科组依据每年的学校工作计划设计校园体育节系列活动,有方案、评比和表彰等,安排如下:四月是校园广播操队形队列比赛暨体育节开幕式活动;五月为校园篮球赛;六月举行校园班级足球赛、游泳比赛;十月举行篮球嘉年华活动;十一月为学生田径运动会暨体育节闭幕式活动。

3. 科技节。学校科学科组依据每年的学校工作计划设计科技节系列活动,有方案、评比和表彰。具体安排如下:

二月:二月既是寒假的结束又是新学期的开始,以"丰收"为主题围绕寒假中种植的收获开展送祝福、种植成果展示等项目,有方案和展示;

三月和四月:科普知识竞赛、校内科技小达人、科技创新发明比赛以及围绕美化环境开展植树、地球一小时全球性节能活动和节能环保活动,有方案和展示;

五月:围绕全国青少年科学调查体验活动开展启动仪式、科技嘉年华等一系列活动,有方案、有评比和表彰;

六月—八月:四年级科技夏令营、五年级高新企业、工厂调研活动,有方案、有评比和表彰;

九月:全国科普宣传日活动,有方案、有评比和表彰。

4. 艺术节。学校艺术科组依据每年的学校工作计划设计艺术节系列活动,有方案、评比和表彰。优秀作品、活动和节目将在艺术节闭幕式中全方位展示。具体安排如下:五月:艺术节开幕式暨"唱响校园,童声飞扬"校园歌手初赛;"跳动旋律,多彩童年"器乐比赛、百人书画比赛;六月:"唱响校园,童声飞扬"校园歌手决赛;七月:六年级毕业典礼暨艺术节闭幕式专场文艺汇演。

"童心节日"活动分为三个阶段。第一阶段,发动准备阶段。制订《荔园小学"童心节日"总方案》,在学校进行全面广泛的宣传和发动。第二阶段,组织实施阶段。根据学校总方案制订各项目详细比赛方案,安排各场比赛的时间,进行班级海选、学校初赛、决赛。第三阶段,闭幕式、表彰阶段。在活动中表现突出的个人和班级由学校颁发奖状和荣誉证书。根据具体情况将优秀作品、活动、节目在闭幕式中全方位展示、展演。

"童心节日"是检验我校教学工作的重要途径,也是学生展示自我的一个重要舞台,建立完善的评价制度,对于提高"童心节日"系列活动的质量,检验"童心节日"系列活动的成果具有必要性,具体评价细则如下:

"童心节日"活动要求与评价表

评价项目	具体要求	分	值				得分
方案	活动方案详细,分工明确,考虑周全。	10	8	6	4	2	
	做好各种突发状况的预案。	10	8	6	4	2	
内容	内容主题突出,形式多样。	10	8	6	4	2	
	富有趣味性,能吸引学生参与。	10	8	6	4	2	
实施	活动严格按照方案实施,提前做好各种准备,每个项目有专人跟进。	10	8	6	4	2	
	活动每个环节安排得紧密有序,没有因为考虑不周而导致的突发状况。	10	8	6	4	2	
效果	活动深受学生喜爱,能达到活动目的,使学生收获良多。	10	8	6	4	2	
	活动气氛良好,质量高。	10	8	6	4	2	
评价	评价方式可操作性强,方法科学。	10	8	6	4	2	
	评价结果做到公平、公正、公开。	10	8	6	4	2	
总评							
备注							

(四)建设"童心社团",推进兴趣爱好课程

学生社团是学校进一步推动素质教育,实现特色办学的重要途径和有效方式,也是落实教育新政的重要举措。学生社团作为学校校园文化的重要组成部分,作为学生课余文化的主要载体,是学生素质拓展的重要舞台。设立和健全学生社团,正确引导小学生社团组织健康发展,对于有效提升学生综合素质、全面改观学生的精神面貌,使学生在各具特色的社团活动中体验生活,提升素养,涵养心灵,促进学生多元化成长具有重要的现实意义。

开展社团活动是全面推进素质教育、提升学校办学档次和品位、培养学生个性特长的一项重要举措。目前荔园小学开展的社团活动类型主要有文学、体育、艺术、科技四大类型,其中文学类有语言艺术、小主持人等项目;体育类有篮球、足球、击剑、田径、游泳等项目;艺术类有合唱、舞蹈、弦乐等项目;科技类有建模、机器人、纸火箭等项目。

"童心社团"的实施办法如下:

第一阶段:建立社团管理小组,制定社团管理制度。学校高度重视学生社团的建设,成立由一把手校长为组长的学校社团工作领导小组,确定由教导处主管,负责教师和课程的管理,术科组负责学生管理和社团日常活动的协调,建立明确、科学的管理体制。学校每个社团都要制定章程和工作计划,落实活动时间,并都拥有固定活动地点或专用教室。

第二阶段:广泛宣传,动员师生参与。我们通过召开办公会议和全体教职工会议,认真学习落实有关文件,让教职工领会学校开展学生社团工作的精神实质;通过国旗下讲话及班主任宣传,让学生了解社团活动是怎么回事,使学生产生兴趣,踊跃报名,乐于参加。在广泛发动宣传的基础上,使师生真正认识到学生社团活动的重要意义和价值。

第三阶段:报名入团,社团筛选合格会员。每名同学于宣传活动后一周内,依据学校公布的选社程序,到各社团登记地点办理登记事宜,原则上每一名同学只能参加一个社团。各个社团根据自己的入团标准对报名入团的学生进行筛选,选择合适社团成员。

第四阶段:开展社团活动。社团活动是教学活动的延伸与重要补充,在管理上视同正式上课,社团成员都必须积极参与社团活动,无故不参加社团活动者作旷课处理。各社团以校内活动为原则,安排固定时间和场地进行活动,若欲到校外活动,需向社团活动领导小组书面申请核准,并需有老师带队。若利用假日办理活动需先向社团活动领导小组提出书面申请。

第五阶段:总结评价,反馈社团活动开展的情况。学校每学期将对各社团活动情况进行考核(考核细则另定)。对于表现突出的社团和指导老师,学校将给予适当奖励。对表现欠佳的社团,社团活动领导小组将在新学年开始时,责令其解散或重组,并撤换不称职的社团干部。

学生社团考核办法是评估学生社团业绩的主要方法,是评选优秀社团的主要依据,学生社团考核办法坚持以科学、客观、公正、公开的原则进行。为推进学生社团的发展,调动广大教师充分发挥特长的积极性,培养学生的创新能力和实践能力,陶冶学生的情操,提高学生的综合素质,促进学生德智体全面发展,结合我校实际确定了本评价细则,社团按照本细则的要求对社团活动进行评价,具体细则如下:

"童心社团"评价细则

项　目	要　求	分值	备注
组织建设	有申请、学校有批复、中心校有备案	5	
管理体制	1. 学校对社团组织有定期例会、安排总结	5	
	2. 每个社团要固定 1—2 名辅导教师,热心于学生社团辅导工作	5	
	3. 社团要有规范的规章制度和目的宗旨	5	
	4. 社团每学期初要制订出操作性强的学期活动计划,学期末要有活动总结	10	
活动开展	1. 依据方案开展活动,有详细的活动内容、记录、图片、签到表等	10	
	2. 有固定的辅导教师、社团学员,活动能够按照计划定期开展	10	
	3. 整个活动的开展,辅导老师要精心准备,因材施教(通过活动视频、调查等方式了解)	5	
	4. 社团活动具有创新性,课程开发实施能满足学生的兴趣发展需求,重视发展学生的个性特长,能开发出适合学生特点和利于学生发展的校本课程,重视培养学生的实践能力,深受学生喜爱	5	
	5. 每学期末要组织一次围绕社团活动开展的展示活动	15	
	6. 积极承担各级各类比赛、演出任务等	20	
备　注			

(五)推行"童心之旅",落实研学旅行课程

让学生在旅行的过程中陶冶情操、增长见识、体验不同的自然和人文环境、提

高学习兴趣,全面提升小学生核心素养。我们认为"童心之旅"既是考察的过程,也是研究的过程;既是发现问题的过程,也是解决问题的过程;既是一种学习方式,也是一种生活态度。

"童心之旅"的主要类型:

1. 人文之旅。让荔园小学应届毕业生在离开母校之际有一个集体出游的机会,让他们对小学阶段的学习生涯留下美好的回忆,本着"活动育人"的德育理念,让学生在游览祖国锦绣河山,领略大自然风光的研学过程中培养热爱祖国、热爱集体、热爱大自然、感恩父母的综合素养。

2. 企业研学。在广州市教育局和广州市青科教协的大力支持下,本着科技教育社会化的理念,采取"科技教育联系生活"的措施,组织五年级学生在暑假开展科技类企业工厂研学活动,力求把前沿的科学知识、方法及优质的科技资源与学生的日常学习相结合,真正实现科学教育生活化、人本化。

3. 科学之旅。在广州市中学生劳动技术学校的大力支持下,组织四年级学生通过一系列"接地气"的科普研学项目,包括营地追踪、趣味科学游戏、安全体检、环保科技、火箭模型制作与竞赛等方面,让学生在学会合作的同时,锻炼学生的智力,在快乐中动手学科学。

4. 社会实践之旅。在自然、安全、历史、科普等社会实践基地及共建单位、家长团队的大力支持下,挖掘校外优质的教育资源,每学期定月定时定点地分别组织各年级到广州市树木公园、广东省昆虫与濒危动物标本馆、省地震馆、省博物馆、市科技馆、西关陈家祠、南海神庙、黄埔军校等基地开展研究性学习校外实践活动。通过活动探索多元化教学方式,开阔学生视野,提升学校办学品质。活动过程中,学生通过对自己感兴趣的问题以小组合作的形式开展探究、讨论、出成果展,提高学习能力和综合素质,并在活动过程中学会合作、交流与分享,建立与他人、与社会链接的关系,锻炼良好的思想品格、责任感、沟通能力、合作精神及诚信态度。

"童心之旅"评价要求

项　　目	要　　求	分值	备注
组织建设	活动有完善、高效的组织机构	10	
管理体制	1. 外出活动有方案、申请,学校有批复,经费有备案	10	

续 表

项　目	要　求	分值	备注
管理体制	2. 外出活动有辅导老师和热心于为学生提供服务的义工	10	
	3. 外出活动有应急预案,最大限度保障参与活动人员的人身和财产安全	10	
活动开展	1. 老师精心策划活动的开展	10	
	2. 依据方案开展活动,有详细的活动内容、记录、图片、签到表等	20	
	3. 活动具有创新性,能满足学生的兴趣发展需求,重视发展学生的个性特长,重视培养学生的实践能力,深受学生喜爱	20	
	4. 活动开展完后有展示活动	10	
备　注			

总而言之,"读万卷书,行万里路",荔园小学的"童心之旅"研学旅行课程根据学生的特点,设计具有针对性的课程内容,让学生研得尽兴、学得扎实、旅有所获、行有所长。

除了上述课程实施途径之外,我校还有以下策略:一是**环境熏陶策略**。学校课程的建构首先源于学校的文化定位、文化根脉,表现出对某种文化所包含的价值的认同、肯定和追求。文化对人最佳的教育作用不在于学科课程的接受教育,而在于环境熏陶,让学生的学习生活世界处于某种文化环境之中,长期浸润其中,不知不觉植入文化因子,实现"润物细无声"的育人功能。二是**课程整合策略**。课程整合是一门超越学科课程的新课程形态,课程的内容、实施方式及课程功能为开发建构不同类型的学校课程整合提供了依据,不同类型的课程均能在不同侧面、不同维度体现课程整合的属性和特征。课程整合使不同的课程在形态、属性及特征方面具有某种意义上的重叠,使其成为实施学校课程的最佳载体,因此,依托课程整合,实施学校课程具有天然的便利性,课程整合对学校课程具有巨大的支撑作用。

杜威说:"民主不仅是一种政府形式,它首先是一种共同生活的方式,是一种共同的交流和分享经验的方式。"家校合作是学校推进民主化进程的重要手段,也是学校获得社会支持不可或缺的重要途径。因此,学校要与共建单位、社区、家长加强合作,建立学校办学的强大的支持系统,包括家庭和社会等学生能够获得知识和经验及技能的场所为主阵地,把课堂拓展到社会领域,开阔师生的视野,让学习方法变得更加生动、更加丰富多彩;增强学生学习的积极性和自主性,让学生真正能够发展自己的兴趣爱好,寻找自我价值,建立自信,体验成长和成功。

我们要在"让每一颗童心都灿烂"办学理念的指引下,努力让学校里的每一个孩子都能感受到爱与温暖,也学会给别人爱与温暖,让每一个孩子都能在这里找到发展的平台,张扬个性与特长,体验成长与成功的快乐,使学校真正成为孩子们成长的乐园,让学校课程回归育人这一核心。

第一章 小博士课程

布鲁诺曾说:"科学是使人的精神变得勇敢的最好途径。"当今世界,科学发现与技术创新不断涌现,为人类在更大范围、更深层次上认识并合理利用自然提供了可能。儿童时期的科学教育对于人的科学素养的形成具有重要作用。小博士课程注重让学生经历与科学家相似的探究过程,弥补了学科教学的不足,让学校课程更丰富、更完善。

瑞士建构主义心理学家皮亚杰指出:"教育意味着培养创造者……而不是只会踩着别人脚印走路的人。"[①]儿童的学习是主动探究和建构从而促进其发育的过程。幸福的童年意味着自由与创造、挑战和追求。《义务教育小学科学课程标准》[②]要求,小学科学课程要按照立德树人的要求培养小学生的科学素养,为他们的继续学习和终身发展打好基础。这里所指的科学素养是了解必要的科学技术知识及其对社会与个人的影响,知道基本的科学方法,认识科学本质,树立科学思想,崇尚科学精神,并具备一定的运用它们处理实际问题、参与公共事务的能力。

小博士课程是荔园小学科教团队以"为学生的幸福人生奠基"的理念为出发点,根据学生年龄的特点,紧随时代步伐开发的课程。小博士课程的理念是"培养未来的科学家"。小博士课程注重学生通过科学知识与技能的学习,培养观察、比较、分析的能力,利用科学知识和科学技能去理解身边的科学现象并解决一些实际问题,为日后的科学知识学习、日常生活乃至终身发展打好坚实基础。

从横向看,课程从"物质科学、生命科学、地球和宇宙科学、技术与工程"四个领域,综合呈现科学知识和科学方法,强调这四个领域知识之间的相互渗透和相互联系。这个课程注重自然世界的整体性,发挥不同知识领域的教育功能和思维培养功能;注重学习内容与已有经验的结合、动手与动脑的结合、书本知识学习与社会实践的结合、理解自然与解决问题的结合,着力提高学生的综合能力;强调科学课程与并行开设的语文、数学等课程的相互渗透,促进学生的全

[①] 邱莉.基于建构主义的小学数学教学的研究[J].中国电力教育,2008,11(124):68.
[②] 中华人民共和国教育部.义务教育小学科学课程标准(2011年版)[S].北京:北京师范大学出版社,2017.5.

面发展。

从纵向看课程,有涉及物质科学、生命科学的"科学观察""小小科学家""种植"课程;涉及地球和宇宙科学的"天文科普"课程;涉及技术与工程领域的包含"3D打印""机器人""建筑模型""微拍""科技幻想画""无人机"等10门课程。力求让每个孩子在丰富多彩的课程下,不断积淀科学素养,为幸福人生奠基。

小博士课程设计遵循国家的教育方针,充分考虑小学生的年龄特点与认知规律。课程反映科学教育的最新成果,兼顾学校的实际情况,有如下实施策略:

一是根据校情选择合适的课程内容。青少年科技教育的范围很广,内涵丰富。荔园小学科教团队根据学生的年龄特点、学校的地域资源开设了具有科普性质的科学观察、小小科学家、天文科普,以及热门的人工智能方面的机器人、无人机、3D打印等课程,为学生提供了很大的选择空间。例如:无人机课程的设置是因为社会的不断发展,各种科学技术日趋进步,人工智能作为一种先进的科学技术逐渐走出科研院所的实验室,走出工厂,走进人们的生活。作为基础教育阶段的小学科技教育,应不断融入新的内容,扩大学生知识的广度和深度以提升学生的核心素养。荔园小学在这一大背景下,通过以STEM理念设计的"四轴飞行器"项目的培育为切入点,通过开展形式丰富的课程,探索如何在小学开展人工智能科技教育活动。"幻想是创造力的源泉之一,人类没有幻想就不可能有社会文明的进步"。科幻画创作已成为当今世界各国青少年喜爱的一项有益的科普活动。"绘心·绘境"科幻画课程从科学的角度出发,启发学生观察生活,想象未来科技发展可能带来的变化,把不可能变为可能。课程充分挖掘学生的创造才能和美术潜能,提高他们热爱科学、学习科学的积极性,这对学生创新思维能力的培养和学习是非常有利的,进而发展学生的综合学习能力。

二是以兴趣作为切入点。爱因斯坦说过:"兴趣是最好的老师。"这就是说一个人一旦对某事物有了浓厚的兴趣,就会主动去求知、去探索、去实践,并在求知、探索、实践中产生愉快的情绪和体验。"飞"是人类从小到大,从古至今永恒不变的话题。在无人机课程设计的初级阶段我们设计了一个寻找"飞"的故事的环节。孩子们通过查找各种类型的资料,找到了敦煌壁画中的飞天侍女、《西游记》中的孙悟空、《阿拉丁神灯》等神话；发现了中外许多名人在小的时候就有一个飞翔的梦，例如"运-10"的设计者程不时；了解了从风筝、竹蜻蜓、孔明灯等中国古代的飞行器到现代的"长征一号""天宫一号"的中国人的飞天梦。"我是中国人，我自豪"的情感油然而生，我要飞、我想飞的兴趣被激发，从而课程的雏形产生了。

三是搭建各种展示平台。课程的实施是否有效，需要通过一系列的平台展示进行检验。例如为参加无人机课程的孩子们设计的"无人机"提供在学校科技节上展示的机会，让他们体验到了成功的快乐与喜悦。又如：在学校二楼的平台上设置创客空间展览区，展示学生在课程学习中设计的各种作品。

四是打造好实施团队。在课程指导教师的培养工作中，一方面狠抓培训，本着通识培训"全员参加"，专业培训"扬长选派"的理念，对教师的成长培养精心规划，有计划、有步骤、多层次地实施。另一方面则充分利用科研院所和家长的资源。

经过实践，小博士课程结出了累累硕果：无人机课程的成果"'荔园号'无人机停机坪"获得广州市第32届青少年科技创新大赛的二等奖，在第六届广州市创意与发明大赛中获得二等奖和一个专项奖的好成绩。机器人课程培养了多个市级"科技小达人"，其中郭钊良同学获得了第30届广东省青少年科技创新大赛竞赛项目一等奖、中山大学逸仙学院"逸仙英才奖"、华南师范大学附属中学"科技创新奖"、广东实验中学"校长创新奖"、广州二中"校长创新奖"等包括专项奖在内共五大奖项，充分发挥了荔园小学这个广东省青少年科学教育特色学校的辐射示范作用。由于成果丰硕、成绩突出，荔园小学2015年、2017年分别被中国科协、教育部和共青团中央学校部等联合授予"全国青少年科学调查体验活动优秀活动示范单位"称号。全国青少年科技创新服务平台、全国青少年科学调查体验活动简讯、《广东科技报》《广州日报》《知识就是力量》等各大媒体都报道了我校相关的活动，具有一定的辐射示范作用。

点燃学生热爱科学的火焰，播下创新的种子。小博士课程的设置，着眼于学生未来的发展。课程注重学思结合，为学生提供了各种平台，弥补了课堂教学中探究、动手实践等活动的不足，激发学生的创造思维品质、塑造学生的创造性人格，让学校课程更丰富、更完善。

课程智慧 1-1

建筑模型

适合对象：四、五年级学生

一、课程背景

随着社会的不断发展，人们对家园的要求越来越高。每个学生心目中都有自己的梦想家园。本课程从模型入手，通过模型搭建，加强学生对建筑知识的学习。

建筑模型可以引导学生动手动脑，掌握必要的科学知识和实践技能，树立科学思想和科学态度，学会按客观规律办事，锻炼坚定的意志和顽强的毅力。孩子们通过模型的制作，不断地练习实践，在活动中获得积极的情感体验。在克服困难，获得成功的过程中发现自身的价值，体验满足感，把心中的"家园"通过模型的制作，显现出来。在与同伴合作中建立起集体主义观念，同时培养自主、自立、自信、自强、自律等优秀的个性品格。

本课程的理念是：小小模型，圆建筑梦想。建筑模型是一种由材料、技艺、造型、色彩等综合因素组成的特殊工艺模型套材。建筑模型课程是用各种技术和技巧把不同的材料通过巧妙的构思、精心的制作，从而变成微缩艺术品的活动课程。开展建筑模型课程，学生可以学到建筑知识和模型制作的方法，了解中国乃至世界建筑的历史，了解某个建筑的风格和与建筑有关的人文历史典故，培养动手技能和技巧，达到既动手又动脑的效果。

二、课程目标

1. 丰富课外生活，培养对建筑和园林设计的兴趣和爱好，增强自己的创新精神和实践能力。

2. 在活动中,逐步学会正确的观察和分析方法,建立起科学的、求实的思想方法。

三、课程内容

本课程只要学习如何设计与制作一个简单的建筑模型,内容共分为建筑模型的概述与材料设备、建筑模型设计和模型制作工艺三个模块,具体安排如下:

(一)建筑模型的概述与材料设备

模块一的内容分为两部分,一是了解建筑模型概念、发展、种类,介绍建筑模型学习方法;二是了解建筑模型材料的种类,纸材与木材的使用,了解塑料、金属、粘胶剂与器械设备的使用。

(二)建筑模型设计

模块二主要介绍建筑模型设计步骤、空间创意、建筑模型设计要素以及简单的图纸绘制。

(三)模型制作工艺

模块三的学习内容主要为建筑模型的材料搭配、比例缩放、定位连接、配景装饰等,学习如何设计制作出一个完整的建筑模型。

四、课程实施

学生使用的辅料,由老师提供参考,各自采购准备。模型制作工具则根据需要制作的套材来选择。常用的工具有:剪刀、美工刀、手术刀、尺子、圆规、铅笔、橡皮、镊子、钢锉、工具钳、502胶水、白乳胶。上课套材和底板,可由家长义工统一采购,也可自行购买。本课程24课时,采取个人与小组活动相结合与跨班级活动的方式。活动地点在校内建筑模型室。具体实施方法如下:

(一)点拨教学法

老师在新课前,有必要讲授建模套材的工具准备与使用,特别提醒孩子在拆套材时要注意安全，防止意外受伤。对于一些细节的处理，老师要及时点拨，避免孩子们因小失大。每节课上，老师要巡视孩子们的制作，对于孩子们在制作中出现的一些问题，如胶水的使用、模型的切工、辅料的摆放等，只要发现有误，就现场手把手地教他，并叫其他孩子一起围过来，一起学习、观摩。而一些设计上的困惑，则通过讨论、交流、理解予以消化。除此之外，每次学习、讨论都要总结，让发言人总结，组长总结，老师也要总结。并提醒孩子学会举一反三。

（二）灵感激发法

灵感的产生，往往要借助外物，即外部信息的激发。外部信息与人们头脑中的知识信息突然得到巧妙的组合，便会产生灵感。对于建模新套材的设计缺乏灵感的孩子，可以参考前期该类建模成品；可以出示历届建筑模型比赛的获奖作品照片，增强孩子们对此类套材的整体认识；也可以和制作过这类模型的同学进行经验交流，观摩他们现场的制作与讲解，经过这些课上的活动，让没有灵感的孩子积累一定的认识，厚积薄发，以此来激发他们的创作灵感。

（三）展示促进法

这种方法是让每名孩子通过一个学期的学习，选择自己最得意的一个模型进行重新制作，并在课堂上进行展示。班上的其他孩子对他的作品进行讨论后，提出问题，展示的孩子要作出解答。通过本次展示，促进每名孩子对展示作品的制作与内涵理解等能力的提升。

五、课程评价

建筑模型课程评价的目的是鼓励更多的学生喜爱学习模型制作，鼓励学生发明创新，并用学到的知识去解决生活中的实际问题。采用作品性评价和评选性评价两种方式进行评价，具体评价方法如下：

（一）作品性评价

在学习完建筑模型的基本知识后，学生自行创作一个完整的作品，在最后一节课向老师和同学展示,要求能够清楚说出设计灵感来源、设计意图、采用的材料与工艺等,教师根据学生的作品及介绍进行评分。

(二)评选性评价

学生介绍完作品后,将作品排放至展示区,所有学生根据每个作品的创意与制作手艺进行投票,每人手中共有 5 张票,投完即止。最后根据每个作品的票数进行评奖。

评选标准:"高级建筑师"作品票数为前 3 名;"中级建筑师"作品票数为 4 至 8 名;"初级建筑师"作品票数为 8 至 12 名。

(课程设计:刘伟智)

课程智慧1-2

3D 打印

适合对象:五、六年级学生

一、课程背景

3D 打印技术为科技的创新提供了一个新的平台。3D 打印,即快速成型技术的一种,它被喻为第三次工业革命的核心技术之一,是一种以数字模型文件为基础,运用 PAL、ABS 或粉末、金属、塑料等可粘合材料,通过逐层打印的方式来构造物体的技术。为了促进我校的创新教育,结合时下影响意义深远的 3D 打印技术,结合小学生的学习特点,我校运用 3D 打印设计软件——3D One,开设了 3D 打印设计课程。

本课程的理念是:创意设计,平台展示。本课程鼓励学生大胆想象,并用 3D 打印软件设计出来,最终成为现实的 3D 打印作品,将艺术的美感和作品的创作融合在一起。

二、课程目标

1. 了解3D打印原理，学习3D One软件的使用，培养动手能力以及团队合作精神。

2. 初步掌握旋转、倒角、扭曲、实体抽壳、分割、放样、实体间的组合加减运算、圆环折弯、缩放、组合编辑、圆柱折弯等草图编辑的所有命令，感知新型技术的无穷魅力及在生活中的应用。

三、课程内容

本课程主要使用3D One软件进行教学，通过学习软件的各种功能和工具，让学生了解3D实体设计，通过工程学、工程设计学、数学等内容的学习，让学生能根据主题，设计出对应的物件，同时具有美感、实用性等。最后，在基础学习过程中，从中选拔有创意和操作熟练的学生，参加3D打印创意设计大赛。课程具体内容如下：

（一）3D打印入门

通过学习，了解3D打印的概念、发展历史和技术原理，了解3D打印技术在艺术设计中的表现及在生活中的应用，认识3D打印机和3D打印技术基本知识，使学生感受3D打印技术的魅力，激发求知创作的欲望。

（二）3D打印技术

掌握3D打印的基本技术。学习3D One软件基本图形工具、移动工具，堆叠小雪人；学习3D One软件的草图绘制功能，学习从平面到立体的转换；学习3D One软件的多边形工具、拉伸功能，通过学习画出五角星图形，为设计3D作品打下基础。

（三）创意设计

运用3D One软件进行创意项目的创意设计。学习加法、减法、自动吸附功能，设计纸箱人；了解对称原理，学习镜像功能，设计钥匙扣；总结上半部分学习内容,了解实用性和美感;学习阵列功能,进行有规律的复制;学习抽壳功能,让设计的物件内部可以放东西;设计出灯罩或灯塔,实用性与美感结合;学习圆角、倒角功能,设计出实用的小花盘。这是让学生体验构思—创意—实践的一个过程。

(四)设计大赛

根据所学,打印并展示同学们的3D打印设计作品和实物作品,组织优秀学员参加创意设计大赛。我校二楼设有科技展览台,每当同学设计出优秀作品或打印出实物作品,老师都会定时展示,使学生感受到一种收获的成就感。积极组织学生参加黄埔区和广州市组织的中小学生3D打印创意设计大赛,为学生创设展示自我的平台。

四、课程实施

本课程按照荔园小学校本课程计划来设置课时,每个学期12课时,共24学时,地点在电脑1室,每个学生一台电脑,提前安装好3D One软件,具体实施方法如下:

(一)案例示范法

示范教学法是直观教学法中的一种,具有鲜明性、生动性和真实性,有利于学生确切地理解、掌握方法,有助于提高学生的学习兴趣和积极性,能激发学生创作兴趣。古希腊学者普罗塔戈拉说过:"头脑不是一个要被填满的容器,而是一束需要被点燃的火把。"如让学生设计一个笔筒,教师先通过短时间的多样案例示范,如笔筒实体、创意笔筒图片和制作笔筒的视频等,给学生造成视觉上的冲击力,拓展其思维;等学生产生了设计自己的笔筒的欲望后,再运用3D软件的工具,设计出一个个有创意的笔筒来。老师的多样案例示范开启了学生智慧,点燃了思维火花,从而使自己有了创新设计思路,可以更好地表现自己,突破自己。

(二)作品创作法

老师在传授了课程的新知识点和使用的工具后,学生一定要马上实践,运用软件的新工具设计作品,检验自己是否真正听懂和学会使用新工具,即作品创作法。如教学生"实体抽壳"工具,在教会学生如何使用和在什么情况下可以使用实体抽壳的工具后,马上布置实践创作任务,设计一个灯塔,学以致用,将听到的知识一步步运用到实际操作中,使学生真正学会使用"工具",而不再只是头脑中的理论知识。

(三) 展示分享法

每节课结束后,老师都会布置一个实践作业,运用所学的工具设计作品。学期末,老师把这些作品或打印设计图,或打印出 3D 实物,在学校展厅进行展示,从而促进学生学习的积极性,增加创作的动力,感受收获的喜悦,使学生心中的成就感油然而生。

老师讲授,学生学习,个人设计,老师点拨、答疑,自由组合小组共同创作,个人或小组参加比赛,课程实施形式多样,顺利并有成果。

五、课程评价

本课程的评价比较注重学生的作品创作以及技能的掌握,以评选性评价和赛事性评价两种方式进行,具体评价方法如下:

(一) 评选性评价

在课程的最后三节课,学生根据自己所掌握的知识与技能,设计一个作品然后制作出来,最后一节课所有学生将自己的作品摆在展厅,学生们对自己喜欢的作品进行投票,每人共有 5 张票,最后获得票数最多的前 6 名学生可以获得"优秀作品"证书一张。最具有创意的 5 个作品可以获得"最佳创意作品"奖。

(二) 赛事性评价

在课程尾段,组织一次 3D 打印比赛,由教师确定一个主题,学生根据教师的要求进行设计与创作,最终教师根据学生创作作品的速度与质量进行评分,最终得分最高的前 6 名可以获得"3D 打印高手"称号。

(课程设计:王丽彦)

课程智慧 1-3

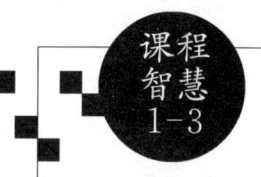

科学观察

适合对象：四、五年级学生

一、课程背景

进入 21 世纪，中国科技呈现出飞速发展态势。高铁里程和运营速度双双世界第一，自行研发出世界最快的超级计算机，中科院研制出量子卫星、量子计算机、量子雷达，以及已经建成并且投入使用的世界最大射电望远镜，等等，这些成就无不显示出中国多个方面的科技成就已经位于世界前列。不过，在为我国取得这些举世瞩目的成就而深感骄傲与自豪的同时，我们也要清醒地认识到，我国取得的这些成就基本上都属于技术应用的范畴，在科学新知的探索和发现方面仍难以与一些发达国家相比。

众所周知，科学是发现自然界中确凿的事实与现象之间的关系，并建立理论把事实与现象联系起来；技术则是把科学的成果应用到实际问题中去。科学的发现对于技术的发展有着不可估量的推动作用，而敏锐的科学观察意识和能力，是科学发现的必备条件之一。如此，提升科学观察和科学探究的意识和能力的需求就显得尤为突出了。

科学观察课程的理念是：给孩子一双发现的眼睛。在小学阶段设置科学观察课程，有利于孩子们科学探究的态度与方法的初步形成，让孩子们在活动的过程中培养爱观察、爱思考的习惯。在科学观察的过程中经历发现问题、设计解决问题的方案、实施方案、发现方案的不足、修改方案、再次实施方案、归纳总结发现新知的科学探究过程，体验科学观察不断发现、不断尝试、不断创新的过程，体验成功的乐趣。

二、课程目标

1. 初步了解科学观察的意义与方法,养成科学探究的习惯,掌握科学观察、科学发现的一般方法,培养全面的、理性的、科学的思维方式。

2. 通过眼睛观察、动手进行实验以及对实验现象的分析和归纳总结,掌握初步的实验技能,激发起科学观察的兴趣。

三、课程内容

本课程的学习内容分为"生活中的物理现象""植物的观察"两个模块,每个模块的具体内容如下:

(一)生活中常见的物理现象

小学阶段学生的科学知识、研究技能、活动经验积累较少,因此科学观察先从学生身边的各种现象开始,让学生体会到身边处处有科学,观察课题的选择也可以从身边的事物着手。

本单元具体内容包括:观察日常生活中的惯性现象,学习其基本原理,通过让学生体验惯性现象,了解惯性现象的存在,以及改变惯性的一般方法;观察物体在水中的沉浮情况,学习判断物体在水中的沉浮状态并且知道证明浮力存在以及测量物体受到的浮力的大小的一般方法;观察物体自由下落的特点,了解牛顿生平,认识万有引力定律;观察声音产生的条件,探索声音的特征;观察光在介质中传播的特点,了解光的传播基础知识,做光的折射、反射现象的实验;观察生活中水的蒸发现象以及对加热蒸发、放在屋子里的水缸的研究,了解物体在吸热和放热时的不同现象。

(二)植物的观察

我们身边有许多植物,通过对植物的观察,可以让学生更加热爱自然,融入自然,与大自然和睦共处。本单元具体内容包括:通过观察花朵,学习植物花朵的结构,观察并记录,了解花朵各部分的作用;学习植物叶片的结构,观察并记录,了解植物叶子各部分的作用;学习植物种子的结构,观察并记录,了解植物种子各部分的作用;了解种子发芽基础知识,分组设计观察实验,了解植物种子发芽的过程。

四、课程实施

本课程共 24 课时,每课时 1 小时。学生根据自己的兴趣自由报名,人数限制 26 人,上课地点在学校科学实验室和六楼种植园。开课前教师按教学需要准备好相应的教学用品,做好教学计划等,具体实施方法如下:

(一) 拟定计划,做好观察探究准备

教师提前做好教学策略,未雨绸缪,计划先行。学期初就确定本学期进行哪些中长期科学探究活动,要达成哪些目标,探究周期是多少,需要做哪些准备,有哪些是需要前置的,有哪些是要后延的。科学地制订探究活动的计划,把握适宜活动时机,以获得最佳活动效果。

(二) 了解学生的心理特征,激发学生的观察兴趣

根据儿童心理特征,小学生已经有了认识周围事物的强烈意愿,但并不是对每一种未知的事物都有十分自觉和强烈的认识意愿,缺少明确的指向和目的,表现出一种随意性和散漫性。在这个阶段,如果能及时地给以有效的指导,就如同化学反应中加入了催化剂,可以使这个意志得到强化,不仅能催生浓厚的兴趣,同时也能培养有目的、有方向、有门径可循的观察与思考模式,从而提高观察效果。

(三) 视频展示,激发兴趣

在教学"生活中的物理现象"的内容时,在电脑平台上给学生播放一些生活中非常有趣的物理现象,引起学生的好奇心,激发学习动机。然后通过讲解让学生初步了解这些物理现象产生的原因,让他们对这些物理现象有一定的认知。在教学"植物的观察"单元时,给学生播放一些用

显微镜或者放大镜头拍下的植物的花、叶子、种子的照片或者种子发芽过程的视频,让学生观察,并配合教师的讲解,让学生对植物有初步的了解,激发他们探索的好奇心。

(四)动手操作,实验验证

在观察和学习物理现象和植物观察的知识后,给学生创设一个实验环境,让学生通过实验去验证自己观察到的现象,例如在给学生讲解完某种植物的花瓣形状和结构的知识后,提供实物和观察工具让学生进行深入观察和记录,验证所学到的知识。

五、课程评价

科学观察课程评价的目的是鼓励学生爱上观察、爱上思考、爱上动手实践,初步了解科学观察的意义与方法,激发科学观察的兴趣,养成科学探究的习惯,掌握科学探究的一般方法。在评价方法上以档案袋评价和展示性评价来进行,具体评价方法如下:

(一)档案袋评价

在课程开始前为每个学生设计一份档案记录表,记录学生每一节课的学习情况,在每一个阶段掌握了什么,在学习兴趣、学习主动性、观察思考能力、动手操作能力方面有什么改变。学生通过成长记录看到自己进步的轨迹,发现自己的不足,并通过成长记录加强自我反省和自我评价能力。

(二)展示性评价

在学期末,学生根据本学期所学习的知识选择一个主题,以小组为单位进行学习成果汇报,可以是实验操作,也可以是PPT展示。教师以及学生根据各小组的展示进行投票评分和相互评价。最终得分最高小组的作品可获得"最受欢迎作品"奖。

(课程设计:陈海涛)

课程智慧 1-4

小小科学家

适合对象：一到三年级学生

一、课程背景

在小学生核心素养的培养中，科学素养的培养十分重要，教育教学活动应注重提高小学生的实践能力，提高学生学习科学课程的积极性。随着现代社会的快速发展，科学技术的作用也越来越重要，而科学素养的培养需要从小学就开始。孩子的好奇心在小学阶段最强，他们对自然现象充满了探知欲，在此阶段开设小小科学家课程，对小学生的思维方式、创造能力以及判断力的养成具有良好的教学效果，对培养其思维能力起着至关重要的作用。

小小科学家课程作为一门启蒙性的课程，它引领学生学习与周围世界有关的科学知识，帮助学生从科学活动中习得科学的方法。这一过程有助于学生了解科学、技术与社会的关系，从而为终身学习和全面发展等夯实基础。

本课程的理念："做中学"。本课程强调体验式学习，注重动手实践，秉承的是教育家杜威的教育理念，旨在让学生快乐轻松地亲历探究自然奥秘的过程。活动带动兴趣，兴趣带动学习，学习让人进步。学生在观察、提问、设想、动手实验、表达和交流的探究活动中，体验科学探究的过程，建构基础性的科学知识，获得初步的科学探究能力。

二、课程目标

1. 了解日常生活中的科学现象，对生活中的科学感兴趣，能积极探索未知的科学问题,热爱科学,乐于进行科学实验。

2. 感知物质科学、生命科学、地球与宇宙科学、技术与工程中的科学奥秘。

三、课程内容

本课程以生物、物理、化学为主旋律,内容分为三部分,具体如下:

(一)生物活动内容

学习生物体各部分的结构和功能,即植物内容:细胞、根(茎)、叶、花和种子(果实);以及动物内容:细胞、草履虫、蚂蚁和盐水虾。通过实验来探究一些生命现象,研究生物现象和生命活动规律。

(二)物理活动内容

主要内容是力学、热学、声学、光学、电磁学。通过实验来学习日常生活中所见的物理现象的原理以及基本的物理知识在生活中的应用,解释生活中的物理现象,拓展自己的物理知识。

(三)化学活动内容

主要学习简单的化学实验基础,研究气体、酸、碱、盐和简单的化学反应。通过实验来熟悉简单的化学操作,认识常见物质的性质和变化规律,并利用所学的化学知识解决生活中的问题。

四、课程实施

本课程一学年共 24 课时,上课地点在学校科学实验室。课前任课教师需要根据课程要求准备好相应的教学用品,检查实验设备是否可以安全使用。具体实施如下:

(一)课前自主学习

通过微信平台,教师发送自主学习任务单,学生根据科学日志的指引进行科学实验,准备好实验材料,对课程进行预习准备。除了通过平台及时地与教师和同学进行沟通外,还可以通过网络、书籍等渠道提前了解课堂知识。

（二）课堂合作学习

老师先进行知识引导，然后指引学生开展课堂实验。揭示并总结科学规律，安排进行实验记录、成果展示，等等。在实验操作过程中，以小组合作为主，教师做好学生的辅助工作，对于学生在实验过程中出现的问题要及时指导和启发，为学生成功地完成各个小组的实验提供即时的帮助。

（三）实验成果展示

实验结束后，各个小组要对各自的实验成果进行汇报交流，教师及时对学生的实验成果给予肯定，提升学生学习成就感，为以后的课堂学习打下更好的基础。各个小组通过汇报交流，也能及时发现小组在实验操作中出现的问题，及时纠正，更好地为下一次的实验操作服务。

五、课程评价

本课程参照小学科学教学中学生的学习特点和要达到的教学目标设计了如下教学评价标准，主要以积分制评价和评选性评价两种方式进行，具体评价方法如下：

（一）积分制评价

本课程学习内容共有三大模块，每个模块又有若干个学习任务，课程开始时教师给每名学生发放一张积分卡，学生每完成一个学习任务就能获得该任务的积分，最终学生必须拿到80%以上的积分才可以拿到本课程的结业证书。

（二）评选性评价

在课程的最后两节课，在学生所学习的知识中选择一个主题，以小组为单位进行学习成果汇报，以实验操作方式，小组展示完后成员要接受其他学生以及教师的提问并且进行解答，最终学生和教师根据各小组的展示情况进行打分，分数最高的3个小组的成员可以获得"小小科学家"称号。

（课程设计：黄小芬）

课程智慧 1-5

科幻画

适合年级：四年级学生

一、课程背景

"幻想是创造力的源泉之一，人类没有幻想就不可能有社会文明的进步。"科幻画是孩子们在理解科学知识的基础上，通过科学的想象，运用绘画语言创造性地表达出对未来科学发展畅想和展望的一种表现方式，是科学与艺术的有机结合。因此，它能启发孩子观察生活，把不可能的变为可能，充分发挥孩子们的个性和创新精神。

科幻画是孩子们彰显自己绘画特色与个性的有效途径。孩子们通过创作插上想象的翅膀，在科技创新和科学幻想的天空里，尽情地发挥自己的想象力和创造力，把对科学的好奇和理解淋漓尽致地在纸上表现出来，从而提高接触科学、探索科学、热爱科学的积极性，发展综合学习能力。

本课程的理念是：小少年，大幻想。这个神奇世界来源于现实生活。本课程将在创作过程中鼓励孩子多提问勤动脑，学会将众多的信息分辨归纳，处理运用，去创作一幅科学性、想象性、艺术性相结合的科幻画。本课程的开办旨在让孩子通过科技与艺术融合创作过程获得快乐，从而发现自我，完善自我，增强自信心和责任感，在充分认识和解读世界的过程中实现全面健康发展。

二、课程目标

1. 通过对科幻画作品的欣赏与学习，了解科技的过去、现在及未来，激发学生探索科学与创作科幻画的兴趣。

2. 通过收集筛选资料、观察、想象、联系生活,体验科幻画创作的乐趣,提高学生科学想象力、创新能力、探究学习的能力等。

三、课程内容

兴趣能够激发孩子的内在学习动力,而这也是儿童科幻画学习的根本前提。因此,本课程以儿童科幻画创作为主题,瞄准孩子兴趣的焦点,从多种角度、用多种方法激发孩子们的参与热情。根据课程的不同内容,分为以下几个模块:

(一)科幻画之初识了解

观看《微观世界》(纪录片电影)《刘慈欣少儿科幻系列》《全国优秀科幻画作品集》等科技方面的影视、书籍、绘画展览等,了解科幻画的概念、发展的意义、前景,明白科幻画与一般的儿童画的区别,由此增进孩子们对科幻画的认知。

(二)科幻画之主题选择

了解科幻画的八大主题内容:宇宙探索(月球城市、太空城市、改造月球、火星等);海底世界(海底生物、海底探矿等);地球环保(植被、水土保持、防治污染等);新型能源(太阳能利用、废品利用等);人工气候(全球气候调控、居住环境气候调节等);生物工程(克隆、基因工程等);信息传递(新型电脑、远程信息传输等);新型生活(未来居住、未来交通、未来工具等)。

此模块的学习,将科幻画知识与孩子的实际生活相联系,并在现实生活的基础上引导孩子寻找更多的创作素材和灵感。

(三)科幻画之天马行空

欣赏优秀科幻画作品《广州太阳能立交桥》《全智能地沟油能源转换器》等,掌握科幻画创作的步骤,学会使用恰当的绘画技术和技巧(色彩、明暗、线条、构图等)表现科幻画作品,并为作品撰写 300 字以内的创意说明。

四、课程实施

本课程共12课时,每课时时间跨度为一小时,课程实施地点为学校美术室。具体实施如下:

(一)营造氛围,激发兴趣

其一,充分利用课室外墙走廊,悬挂孩子们创作的优秀科幻作品进行展示,营造科幻画学习氛围。其二,组织观看自然科技的影片和观摩学习科技创新大赛现场会等,通过欣赏优秀的科幻画作品,提高孩子们的鉴赏能力和创作能力。其三,鼓励家长为孩子订阅科技报纸杂志,通过阅读了解现代科技的前沿和发展趋势,扩大孩子们的知识视野,对科学产生兴趣。

(二)发现生活,学会创作

生活为科幻画的创造提供了肥沃的土壤,是科幻画创作的重要源泉。引导孩子从多方面、多角度得到创作灵感,并将通过不同渠道得到的各种各样的信息资料,紧紧围绕"科技改变生活,科技创造生活",把一刹那间产生的灵感用笔以绘画或文字形式及时记录下来。

(三)作品创作,艺术呈现

通过欣赏作品、教师示范、个别指导等方式引导孩子掌握科幻画的绘画技巧,并在了解科幻画的八大主题内容的基础上选择其一进行科幻画作品的创作。

(四)参与比赛,展示自我

课程结束前举行"奇思妙想科幻画比赛";组织学生参加每年一度的校园科技艺术节之百人科技书画比赛;推选优秀作品参加全国科技创新大赛、市科技周等各种比赛活动,让孩子在比赛中锻炼和展现自己学习的成果。

五、课程评价

科幻画课程对于培养孩子的观察能力、想象能力、形象性思维能力和创造能力具有重要作用。因此本课程的评价，旨在培养孩子健康的审美能力、创新能力，以促进孩子全面发展。

（一）赛事性评价

课程结束前请孩子提交一幅科幻画作品参加"奇思妙想科幻画比赛"活动，根据作品的每项得分进行综合评价，奖项分为以下四个等级：金奖作品(91—100分)、银奖作品(85—90分)、铜奖作品(75—84分)、优秀作品(74分以下)，获得金奖的作品将推荐参加更高级别的科幻画比赛。评选标准如下：

1. 作品的"科"——科学性(30分)：科幻画的主题有一定的科学依据，有基本的科学原理作为支撑。

2. 作品的"幻"——创意性(30分)：科幻画的内容是在科学依据之下进行的幻想与创造，具有想象性。

3. 作品的"画"——艺术性(30分)：科幻画作品的画面要有强烈的形式美感，画面构图、造型、设色等具有艺术魅力。

4. 作品创意说明(10分)：由具体创作的目的、方法、结论三要素组成，能恰当反映出作品的核心亮点，体现作品的科技含量、创意来源以及绘画技巧等。

（二）评选性评价

在"奇思妙想科幻画比赛"活动结束后，教师将所有学生的作品展示在学校科技展厅，学生根据自己的喜好对作品进行投票，每人手中有5张票，最后得票最多的6个作品可以评为"最受欢迎作品"。

（课程设计：张益平）

课程智慧 1-6

无人机

适合对象：五、六年级学生

一、课程背景

无人驾驶飞机简称"无人机",是一种新型的科学智能产物,是利用无线电遥控设备和自备的程序控制装置操纵的不载人飞机。要想能够驾驭它,需要学习不少的关于空气动力学、机械结构设计的基础知识,孩子要想征服这架飞机,那么他必须要学会这些知识。

本课程的理念:我们是飞行梦想的传递者。无人飞行对于青少年来说不仅仅只是一种游戏,也是青少年获取一种学习经验、发展智能的妙方,更是培养创造力、好奇心、想象力、探索、冒险及处事能力的良好途径。

二、课程目标

1. 在特定环境中学习,学会四旋翼飞行器操控技巧,了解无人机的定义;了解无人机内部结构组成。

2. 通过活动,在学中玩,玩中学,提升对无人机的热爱与激情,激发学习兴趣。

3. 掌握无人机基本知识,提升空间思维和逻辑思维能力及与同伴合作、交流的意识。

三、课程内容

本课程内容主要是理论知识与实操训练,有知识点回顾、制作飞行器及实操飞行训练三大环节。学生通过知识点回顾加深原理方面的知识点巩固;通过动手制作飞行器,提升对原理方面知识的理解;模拟上机及实操训练,提升孩子们的批判性思维和应变能力。具体有以下三个部分:

(一)无人机知识

无人机是利用无线电遥控设备和自备的程序控制装置的不载人飞

机,包括无人直升机、固定翼机、多旋翼。本部分主要是学习无人机内部结构组成、飞行原理。

(二) 无人机制作

无人机是一种由遥控设备或者机上程序控制飞行的飞行器,其特点是结构简单、体积小、重量轻、机动性好、飞行时间长、成本低、无需机场跑道。由于无人机具备的优点,无人机在民用或者军事领域都具有很大的应用前景。本部分主要学习动手制作飞行器、进行试飞及调试。

(三) 无人机实操飞行

实操培训不仅要考验理论知识的掌握程度,还要考查手和脑的灵活配合。实操飞行训练需要高度集中注意力和重复训练,有其难度与挑战性,只有手、脑完美配合,无人机才可以在空中展示优美的姿态。

四、课程实施

本课程通过网络查阅相关资料等多种渠道获得教学资源,利用多媒体课件演示等方式进行教学,面向五、六年级的社团学生开展课程,讲授无人机基础理论知识。以每学年为一个教学周期,上、下学期各12课时,共24课时,以小组活动形式为主。活动地点在学校训练基地,具体实施方法如下:

(一) 知识讲授

教师讲授无人机基础知识,包括系统结构组成、内部布局、飞行原理等。教师通过课件、视频等方式,激发孩子对无人机基础知识的理解。

(二) 设计制作

引导学生思考,启发创意灵感。先从模仿制作步骤开始,通过课堂学习安装机器基本原理及步骤进行动手制作训练;再让学生通过实操进行飞行器的制作;最后加上属于自己的创意概念进行创作升华。制作属于自己的作品时,教师需要协同学生一起对自己的作品进行调试。一方面检测学生是否对机体结构布局拼装正确;另一方面检测学生是否掌握了如何对自己制作的飞行器进行检测。最终,教师集合所有作品一起进行展示交流及试飞活动。

（三）实操飞行

通过理论知识学习与动手制作后，教师会安排学生使用自己制作的飞机进行实操飞行练习。实操飞行训练有五个阶段：第一阶段，了解真实操控技巧；第二阶段，实操练习操控飞行稳定性；第三阶段，进阶练习、实操四面悬停走方向；第四阶段，进阶练习、飞航向；第五阶段，进阶练习、穿越障碍。

经过以上五个阶段的训练后，教师安排学生分小组进行实操飞行小组赛，以小团体的形式进行比拼，从而增进学生的团队合作能力。

五、课程评价

无人机课程评价目的是鼓励更多的学生喜爱飞行器制作，并增强他们对科技知识的求知欲，鼓励学生动手发明创新，喜欢用所学知识去制作飞行器。因此对学生学习效果的总体评价包含学生掌握飞行原理知识和制作飞行器的成品评价以及学生实际操作飞行作品的评价。对于在各级各类比赛中获奖的学生实行免试制，鼓励发展个性特长。具体做法如下：

（一）展示性评价

根据学生的展示进行评价。满分为100分：

创意：基本掌握无人机基础知识、系统结构组成、内部布局及飞行原理知识，进行飞行器的制作，能够加上属于自己的创意概念进行创作升华，制作出属于自己的作品。（50分）

模拟：能进行无人机模拟遥控器的校准调试；完成飞行稳定性并且四面悬停走方向等有难度系数的规定动作。（30分）

飞行：完成四旋翼无人机的垂直起降和规定路径飞行；完成固定翼直升机的短跑道起飞和短跑道着陆及穿越障碍。（20分）

（二）等第性评价

学生通过理论知识和实操练习，其学期成果经过综合考核，给予"见习小飞手""一级小飞手""二级小飞手""三级小飞手"和"首席机师"五个称号。

评选标准:"见习小飞手"作品分数为60—75分;"一级小飞手"作品分数为75—89分;"二级小飞手"作品分数为75—89分;"三级小飞手"作品分数为75—89分;"首席机师"作品分数为90—100分。

(课程设计:陈娟、葛艳)

课程智慧1-7 种　植

适合对象:五、六年级学生

一、课程背景

高尔基说:"当劳动是种快乐时,生活是美的。"为了实现"每一颗心都灿烂"这一办学理念,我校聘请了有丰富园艺栽培知识经验的专业技术人才来指导学生开展种植课程,让学生在劳动中收获成功、收获快乐!

本课程的理念是:小种植,大舞台。我们希望每一个孩子参与学习、讨论、交流和动手种植等过程,感悟生命、传播科学知识,使每个参与的学生在个性、自信心、意志力、进取心、审美能力等方面都有良好的发展,并培养他们团结拼搏、努力协作、尊重他人等良好的道德品质和集体主义精神。

二、课程目标

1. 正确理解园艺栽培原理,根据栽培操作步骤进行园艺植物栽培,培养一定的审美情趣、生活情趣等综合素质,提高动手操作的实践能力。

2. 经历动手种植等活动，掌握园艺栽培的基础理论知识，掌握栽培的具体技术要点，培养一定的园艺素养。

三、课程内容

本课程内容包括了解各种蔬菜的生长过程及习性、翻地、播种、园艺植物繁殖、定植、土壤管理、水分管理、肥料管理、病害防治、虫害防治、产品采收与采后管理，使学生全面系统地掌握与园艺植物栽培相关的知识。该内容分为三部分，分别是：

（一）识别植物

包括认识蔬菜和蔬菜生长的环境条件、蔬菜的种子和播种、蔬菜的定植与管理、蔬菜的收获、蔬菜栽培和二十四节气、蔬菜的分类、蔬菜的营养与保健、现代蔬菜栽培技术等，结合课程内容开展课堂教学和种植实践。

（二）种植

本部分主要内容包括学习播种方法。具体做法是：一挖洞，二放苗，三回土，四轻提，五按紧，六浇水。种上后，提醒种植者随时关注种子变化、记录生长日记。

（三）管理

蔬菜种下后，还需要良好的管理，主要有土壤管理、水分管理、肥料管理、病害防治、虫害防治等。

首先要了解不同的土壤耕作方法，掌握土壤耕作方式的选择；其次是排水、节水栽培和及时灌溉；第三要注意防止植物出现短缺或富余各种元素症状；第四是了解常见植物病害的种类及其表现症状，常见园艺植物虫害的种类及其引起的症状；第五是了解肥料对植物不同生长阶段的重要性。

四、课程实施

本课程共 24 课时。每周一小时的学习、实践时间，前半小时为理论知识的学习,后半小时在天台实际操作。课前需要购买劳动工具与种子、聘请专业老师、准备种植场地。采用小组活动、跨班级活动的形式。活动地点在课室、六楼天台植物园。具体实施方法如下:

(一)课内渗透,课外延伸

有目的地进行课内渗透,课外延伸,让学生运用课内学到的知识,到课外去探究种植的技术,使课内课外有机地融为一体。

(二)合作探究,开放课堂

让学生自主探究、合作研究种植的方法,解放学生的大脑,放开学生的嘴巴,松开学生的手脚,充分开放课堂,让学生自主研讨,成为探究活动的主角。在种植过程中,积极用照片、文字记录植物每一个阶段的成长。

(三)渗透生活,形成素养

在教学中注重渗透生活,坚持从学生的生活经验和知识积累出发,尽可能地利用生活背景让学生在解决问题中形成勇于探索、勇于创新的科学精神。

(四)展示分享,促进交流

学生将自己种植的植物在小组、班中进行展示、评价、总结,互相交流学习,介绍种植方法,分享种植经验。共同提高种植的水平。

五、课程评价

在评价思想上,注重评价以学生为主体,坚持激励性评价,关注个性特色评价。对本课程的评价主要从以下两方面进行:

(一)产品收获评价

根据种植成果品质进行评价,满分为 100 分,具体评分标准是:

植物没有虫害,长势好:40 分;收获的产品良好:40 分;能与同学分享产品:10 分;印象:10 分。

(二)合作分享评价

在班级进行展示、总结,学生之间进行互动交流,介绍种植方法,分享种植经验。合作分享评价包括学生在团队活动中是否积极参与,在讨论中能否虚心听取他人的意见,以及是否能主动地帮助他人。

(三) 评选性评价

课程结束时将进行"优秀小农夫"的评选活动,分值达 80 分以上的同学将获评"优秀小农夫"。评选标准是:

1. 能与小组成员团结协助,齐心合力完成种植任务,20 分。
2. 能观察植物的生长过程,并做好记录,30 分。
3. 能定期进行浇水、施肥,所种植物生长良好,30 分。
4. 能根据所种植物写相关小论文,20 分。

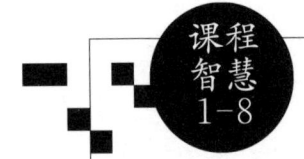

(课程设计:王美娟)

课程智慧 1-8　天文科普

适合对象:五、六年级学生

一、课程背景

天文学是当代自然科学中的一门重要学科,涉及对宇宙以及宇宙中各种天体和各种类型物质的研究,即研究整个宇宙和各种天体的起源、结构、成分、运动规律,以及人类与它们的关系等。它不仅让我们领略了宇宙之美,还激发了我们探索自然的热情。

本课程的理念是"崇尚自然,探索奥秘"。通过课程知识渗透和实践能力培养,促使学生对浩瀚的宇宙、无穷的奥秘产生浓厚兴趣,使学生从对天文的兴趣逐步转化为对探索自然、主动探究问题的兴趣,提高学生思维能力和综合知识的运用能力以及对宇宙的探索和天文的关注。

二、课程目标

1. 掌握天文科普的基础知识，了解一些基本理论和基本方法，学会用有关的知识对若干天文现象作出合理的解释。

2. 培养对天文学的兴趣，提高自己的科学和人文素养，逐步树立先进的宇宙观，学会用正确的观点分析人类与自然的关系，并进而指导自己的行为，促进人与自然的协调发展。

三、课程内容

本课程以课堂教学为主，辅以天文多媒体视频、照片、户外实践等方式，学习天文科普基础知识，激发学习兴趣。课程具体内容如下：

（一）天文理论课程

本课程内容主要是介绍地球的形状和大小、地球自转和公转、天球与天球坐标、天体视运动；介绍太阳结构与影响、八大行星的差异、地内行星和地外行星视运动、太阳系的小天体；介绍恒星的起源与演化、恒星的特征及运动、双星与变星；介绍全天星座与星座命名、认识秋季星空、认识冬季星空、认识春季星空、认识夏季星空、星图与星表的使用；介绍望远镜的类型与原理、望远镜的组装和调试、天文观测方法等内容，将理论与实践逐步结合。

（二）天文实践课程

本课程内容主要是介绍月球表面观测、记录，结合古诗词中诗人带着情感对月亮的描绘，有助于提高对望远镜操作的熟悉程度，也能了解更加全面的天文知识；介绍秋冬季星空辨别、狮子座流星雨、双子座流星雨、冬季银河拍摄等。

四、课程实施

本课程 24 课时，每周 1 课时，每课时 1 小时。采用理论课程和实践课程同步进行的方式开展课程。

（一）资料查阅法

布置作业，让学生和家长课前一起查阅资料，了解有关天文的理论知识及天文史实等内容，在谈及天文史实的内容时引古喻今，多穿插逸闻趣事活跃课堂气氛，激发学生的参与度。

（二）视频观看法

本课程教学组织多样化的学习活动，如：观看资料视频、照片、天文观测仪器、具体结合天文观察进行教学。在介绍天文研究特点最新热点的时候，以通俗的社会新闻链接的形式介绍最新的研究结果，降低天文的数理难度，拉近天文与学生的距离。

五、课程评价

《天文科普》课程评价目的是鼓励学生爱上天文科普、独立思考、动手实践，初步了解天文科普的基础知识，激发天文观察的兴趣。因此对学生学习效果的评价有老师的评价，也有学生的自我评价和学生之间的相互评价，最后取平均值作为评价标准。具体评价方式如下：

（一）过程性评价

根据学生的出勤、上课表现、操作情况、观察活动情况，评选"星空之友"（能完成学习方案，有参加天文科普活动）、"星空发烧友"（能参加相应的活动，上课认真听讲，积极提问和回答问题，有一定的观测能力）、"星空小达人"（积极参加观测活动，参加天文比赛，熟练的观测技巧，动手能力强）。

（二）议题式评价

本评价方式主要是考察学生运用所学的天文科普知识，解决生活中遇到的关于天文问题的能力。学生在解决实际问题时，要学会综合运用多学科、宽领域、深厚度的知识去研究，在充分思考后提出解决方案。

（课程设计：陈娟）

课程智慧 1-9

机器人

适合对象：五、六年级学生

一、课程背景

机器人课程是一门集物理力学、机械原理、电脑编程及传感器技术为一体的综合性课程，机器人技术是衡量一个国家科技创新和高端制造水平的重要标志。少年强，则国强。因此，在青少年中普及机器人课程对国家未来的建设者在机器人技术知识储备、思维拓展，甚至是发展职业兴趣与终身理想等方面的培养都至关重要。

本课程的理念是：做中学，玩中学。在整个学习的过程中，学生处于主导地位，学生在机器人的设计和搭建的过程中主动地进行探究式学习，并在学习中发挥主动性和创造性，从而体会机器人技术的奇妙之处。而在这一过程中，老师只是作为活动组织者、管理者和引导者参与其中。

二、课程目标

1. 了解机器人的发展历史、目前世界机器人以及中国机器人产业发展的基本情况。
2. 学习与机器人相关的基本科学知识。
3. 学习搭建机器人结构的基本技能。

三、课程内容

本课程主要学习机器人技术的基础知识，包括机器人的发展史、机器人的基本结构搭建和传感器的运用及编程三大模块。课程具体内容如下：

（一）机器人世界

了解机器人的发展史及中外在机器人技术方面的研究现状，了解学习机器人的重大意义，从而激发学习热情。

（二）搭建机器人

学习机器人的搭建方法、运动方式和差速运动控制的基本知识，使机器人能自动循线行走。

（三）创意机器人设计

运用基础知识和已备有的移动载体、功能执行机构、传感、运动控制等进行各分系统的初步设计。

四、课程实施

本课程共24课时，每周1课时。上课地点在学校机器人室，学生提前准备好搭建材料，电脑提前安装好机器人编程软件。在每个学年的年初，在学校选修课网站上规定的时间段内，五、六年级学生进行报名，名额为20人。教学资源为：《机器人基础技术教学》、校本教材《我是小机器人设计师》。

本课程采用任务式学习，讲授与学生实践结合实施教学活动。教学中主要采用讲练结合和任务驱动的教学方法，课程第一阶段以教师实物讲解、演示，学生模仿搭建为主。第二阶段根据学习内容的不同，分别采用讲练学习、自主学习、分组合作研究性学习等形式，并通过一些机器人电影、机器人比赛视频、教学幻灯片以及分组比赛等激发学生的学习兴趣和设计灵感。

五、课程评价

机器人课程评价在于强化学生主动参与学习活动的积极性，唤醒并激发他们的创新欲望,让学生品尝成功的愉悦,增强学习信心,明确努力的方向,促进他们潜能、个性、创造性的发挥,使每个学生具有自信心和持续发展的能力。本课程的课程评价以过程性评价和展示性评价为主。

(一) 过程性评价

过程性评价是对学生学习过程价值建构的构成,是在学习过程中完成的。本课程的过程性评价贯穿在每一个项目活动中,以问题的形式体现,且每次评价表都会根据活动内容的不同进行相应的调整,使评价内容更贴近学生的亲身经历与实际感受。

机器人课程学习评价单

项 目	自 评			互 评			教师评价		
	优秀 5分	良好 4分	合格 3分	优秀 5分	良好 4分	合格 3分	优秀 5分	良好 4分	合格 3分
自主学习意识									
主动参与程度									
机器搭建能力									
编程能力									
团队合作能力									
总分									
综合评价	教师寄语:								

说明:
1. 本评价单各子项目的评价以"√"表示。
2. 综合评价的计算为:自评30%+互评30%+教师评价40%。
3. 教师寄语以教师对学生的期望、建议为主。

(二) 展示性评价

本课程的展示性评价在应用课程的后期,采取小组秀的方式进行展示。展示内容以机器人比赛中创意机器人的项目为设计主题。要求学生以小组为单位,在前期掌握的机器人相关知识与编程技巧基础之上,设计并制作一个机器人创意项目。在该创意机器人项目设计、制作、修改、完善的过程中,既有对此过程的学生自评、互评、师评,也有对最后完成作品的交流与评价。

创意机器人评价单

序号	项目名称	创意设计（20分）	结构搭建（20分）	程序设计（20分）	效果展示（20分）	团队合作（20分）	总分	备注
1								
2								
3								
4								
5								

（课程设计：林林坚、陈娟）

第二章 小文人课程

"书籍是人类知识的总结,书籍是全世界的营养品。"读书可以让人保持思想活力,让人得到智慧启发,让人培育浩然之气。当今社会,读书应该成为一个人的一种生活方式。经典诵读、口语交际、书法等小文人课程对于帮助儿童了解传统文化,培养良好道德品质和文明行为习惯具有深远的意义,对小学生的眼界、胸怀、志气、品格修养的提高大有帮助。

任何一个民族,若想屹立于世界之林,必须拥有自己独特的文化,而中国的国学就具备独一无二的特质。千百年来,国学已渗透社会生活的方方面面,直接影响着国人的思想、意识、伦理、道德和行为。国学不仅是中国传统文化的明证,也是每个中国人的立身处世之本,更是我们不可或缺的精神力量。学习国学,阅读经典,不仅可以帮助我们了解中华民族的优秀文化传统,更能从中学会为人处世的道理。学习国学,了解国学,继承和弘扬中国文化,是每个中国人义不容辞的责任。经典美文是中国优秀传统文化最好的载体,在这浩瀚的经典文学宝库中,带领学生诵读、感受、理解、品味,除了接受精美的文词和超凡的意境熏陶外,更多地可以感受到古代先贤的人格魅力,了解修身、齐家、治国、平天下的道理。

在社会交际变得越来越频繁的今天,语言艺术与口语交流已成为现代公民必备的能力。从某种程度上说,它比读写更重要、更实际、更为人们迫切需要。小学阶段强调口语交际能力训练,也是符合个人言语活动的发展顺序的,听说在前,读写在后,十三岁前孩子的语言能力提高很快,语言习惯更容易养成。当今学生应该具有日常口语交际的基本能力,在各种交际活动中,学会倾听、表达与交流,初步学会文明地进行人际沟通和社会交往,发展合作精神。

中国书法,是线条优美、形体结构和书写技巧都十分独特的艺术,是中华民族的文化瑰宝,是中国传统艺术的核心内容之一。让书法走进课堂,通过书法教育对小学生进行基本书写技能的培养,进行书法艺术欣赏,有利于培养学生良好的品德和坚强的意志,增长学生的知识,发展学生的智力,促进学生身心健康发展。

这些课程对小学生的眼界、胸怀、志气、品格修养的提高大有帮助和意义:一是进一步培养学生的家国情怀。中华经典内容博大精深,是民族精神的教科书,滋养了无数优秀的中华儿女。诵读经典诗文,练习书法等能使学生对祖国悠久的历史、灿烂的文化加深认识,体验和感知我们民族的伟大灵魂,树立民族自尊心和自信心。通过诵读,使学生初步具有爱国的思想感情;初步确立长大后要通过从事某种事业来为祖国、为社会民众服务的思想;初步懂得奉献社会是每一个社会成员的职责;初步懂得全面提高自身素质,既是国家对自己的要求,也是自己应尽的义务。二是进一步健全学生人格。古人云:"少成若天性,习惯如自然。"在儿童天性未染污前,善言易入,先入为主,待其长大而不易变,故人之善心、信心和优秀品性须在幼小时培养。让学生在学习中感受到积极向上的进取心,成功而不骄傲,失败而不气馁,适度地表现自我而不自卑,敢于接受挑战,不惧怕竞争,有克服困难的勇气,不嫉妒他人的成功和优点,不猜忌别人,能宽容他人。三是进一步陶冶学生情操。以儒学价值为核心的传统文化,重人伦、求和谐、盼安定,道德修养渗透在古诗文中,将对孩子发生潜移默化的作用。"阅读本民族的文化经典,可以使阅读者经历一番文化濡化,改变一个人的气质。"孩子们在接受优秀传统文化熏陶的同时,形成良好的行为习惯和道德操守。四是进一步提高学生的语文素养。学生人文素养的提高,是潜移的、渐进的,是在长久的感悟、熏陶中逐步形成的。在小文人课程中,伴随着对语言文字的学习、推敲、运用,学生的思想情操、审美情趣在潜移默化中得到修炼和熏陶,学生在无形中提高了语文素养。正如魏书生所说:"从思想到行为,从行为到习惯,从习惯到命运。"

近几年,我校小文人课程的实施有如下策略:一是培养孩子们的兴趣。兴趣是孩子的第一任老师,所以要想让孩子爱上经典,首先要培养孩子们的兴趣。二是选择合适的内容。现在市面上的书可谓是琳琅满目,走进书店难以选择。这就要我们学会取舍,要根据孩子不同的年龄和知识水平进行选择。三是合理安排时间。孩子们可以读的书和要做的事是这么多,是不可能一下子或短时间里完成的,这就需要一步一步来,要得到时间的保证。四是教给孩子们好的方法和技巧。不管是国学经典的学习,还是书法的练习,都应该先让孩子们学会方法和技巧。比如经典诵读,最好的方法就是吟诵。自古诗人作诗都是先吟后写的,用这种方法学习,是还原经典学习的必要,而且还会减轻学习疲劳。比如在学习古诗词时,根据文体遵循吟诵规则:平长仄短、平低仄高、入短韵长、依字行腔,等等,有时候配上喜欢的动作,有时配上喜欢的调子,学生根据声音的不同很快且很牢地记住经典。五是找准切入点,大力发展学校的校本课程。各年级各班级把经典诵读、语言艺术、口语交际、书法等与校本、地方课、综合实践活动紧密结合起来,根据本班学生的认知水平和能力特点,抓住契机对学生进行中华优秀文化的艺术熏陶,把著名的书画作品引入我校,指导学生给经典诗文配画,使学生充分感受我国文化艺术的魅力。同时学校统一购买一些相关书籍,发放到各班,并在学期末回收,循环使用。

经典浸润人生,书香伴我成长。我校的小文人课程犹如一道亮丽的风景,为教师和孩子们带来一片生机。只要我们不断努力把经典诵读活动等小文人课程认真开展下去,一定会将中华文化传承下去,培养出更加优秀的人才。

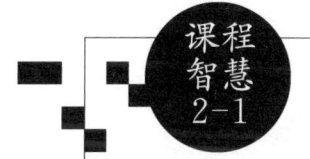

课程智慧 2-1　硬笔书法

适合对象:三年级学生

一、课程背景

硬笔书法课程是一门指导学生掌握写字技法和基本规律,培养学生良好书写习惯的课程。"字如其人",字的好坏可以反映写字人的精神面貌,这句话用到学习硬笔书法上,是非常贴切的。写一手好字,终身受益。

据研究表明,8—9岁是孩子学习硬笔书法的黄金时期。让每一个学生参与汉字书法训练,能培养学生良好的书写习惯,加强学生语文素养修炼,培养学生审美意识,陶冶学生情操,促进学生个性发展。形成学校特色项目并传承书写特色。

硬笔书法课程理念为"一手好字,终身受益"。本课程重在激发学生的书法兴趣,培养学生终身热爱祖国语言文字的情感;创建良好的育人环境,优化书法教育与课堂教学、课外活动、校外活动的整合;开展好书法兴趣小组活动,培养书法特色学生,努力打造"写好一笔字"品牌。

二、课程目标

1. 初步学会用钢笔写字,学会正确的执笔方法和写字姿势,养成良好的书写习惯。

2. 初步学会摹印写字,临照写字,掌握写字的技巧和基本规律,能把字写得正确、端正、整齐、美观,并有一定速度。

三、课程内容

硬笔是相对软笔而言的,是指用硬质材料制成的笔。狭义的硬笔书法特指以钢笔为主要工具的书写汉字的书法,它是现代最普及、最广泛、最便捷、最有生命力、最具时代感的书法表现形式。本课程的内容有以下几个方面:

(一) 了解硬笔书法文化

硬笔书法各体皆宜,楷书、行楷、仿宋、行书、魏碑、隶书、草书、篆书等,无不风格迥异,令人赏心悦目。通过该课程,使学生了解硬笔书法的发展史、硬笔书法的种类,钢笔楷书笔画的特点与写法。

(二) 硬笔书法书写练习

硬笔书法书写练习的重点在能大能小的运笔范围、能快能慢的运笔速度、能轻能重的运笔力度、能正能斜的运笔方向,通过临摹字帖,练习书写一些古诗词等作品。

(三) 硬笔书法艺术欣赏

不会欣赏就不会学习。学习硬笔书法不仅要注重其实用价值,还要追求高层次的艺术水平。要让学生学会欣赏硬笔书法,欣赏硬笔书法作品主要从章法得当、布局合理、骨法线条和用墨几个方面来判断,使学生在不断实践中提高审美水平和鉴赏力。

四、课程实施

本课程按照荔园小学校本课程计划来设置课时,每个学期 12 课时,共计 24 课时,主要实施方法如下:

(一) 激趣教学法

与其他学科相比,写字是一门技巧性较强的课程,教学中要多用启发式,引导学生参与思考分析,交流学习心得,活跃课堂气氛,调动学生的学习积极性和主动性,避免一讲到底;同时还可适当介绍一些古今书法名家的故事,进行写字比赛或书法艺术欣赏,以提高学生的学习兴趣。同时根据学生的兴趣爱好,以兴趣小组活动的形式选择书法家的字帖供学生学习竞赛。

(二) 点拨教学法

硬笔书法课程要求指导细,要求严,扎实抓好基本功训练。所以在课程中教师需要求学生在书写前认真观察,分析例字,把字写得正确、端正、匀称,从小养成一丝不苟、认真书写的良好习惯。同时重视直观性原则。采用观察、比较、分析等教学方法,可运用电教手段,帮助学生掌握字形特点和书写方法,逐步提高学生的书写能力。

(三) 赛事教学法

学校积极创造条件,创设书法实践的环境,开展多种形式的书法课外活动。并开展"我是小小书法家"比赛表演,利用节日开展全校性书法大赛。

(四) 展示教学法

在日常教学中开展假期社区服务活动。组织学生观看书法展览,开展春节送春联实践活动等。

五、课程评价

本课程在评价思想上,注重评价以学生为主体,注重过程性评价,坚

持激励性评价,关注个性特色评价。评价方法如下:

（一）档案袋评价

教师要求学生每次课程将书法作品进行收集整理,然后,学生需要对装入档案袋的优秀作品与成果进行注解、反思和整理,形成符合要求的硬笔书法档案袋。在期末时请学生对自己的作品进行自评与他评,并最终评选出"最佳进步奖"。

（二）展示性评价

通过期末书法展示,展示学生的学习成果。评价标准包括用笔、点画线条、结构章法。

评分项目	评价标准	分值
用笔	执笔书写姿势正确,笔法:起、行、结、提按、方圆、转折、快行、慢行等,准确无误。	30
点画线条	单字结构合理,重心平稳、舒展,主笔突出,点画呼应,大小一致,用笔流畅。	40
结构章法	章法布局合理,行列整齐,风格统一,题款位置、大小与正文协调。	40

（课程设计：陈娟、孙海燕）

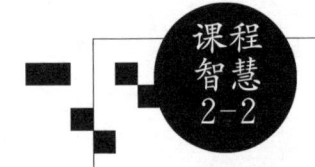

课程智慧 2-2　软笔书法

适合对象：五、六年级学生

一、课程背景

中国是书法艺术文化的发源地,也是最早使用毛笔的国家,软笔书法是中国特有的一种传统文化艺术。中华民族重视书法艺术有悠久的历史,早在西周时期,就提倡儿童学"六书"。实际上,每个孩子的文化学习,确切地说就是从学字开始的,没有人可以离开中国的文字来学习中国文化。而学字不可避免地要写字,当对写字有一定的要求时,就有了书法。从这个意义上来说,中国书法对学生的文化继承与学习具有重要意义。

本课程的理念是"身正、心正、字正"。学生在学习软笔书法的过程中,主要是动手,尤其是训练手指、手腕和手臂的动作,达到协调性和灵活性。软笔书法课程的设置,可以让学生修身养性,陶冶情操,提高审美力,同时了解中国传统艺术、感受书法的艺术魅力,培养学生的表现欲望和表现力。

二、课程目标

1. 正确掌握握笔方法和书写姿势,了解书法与写字的区别,掌握基本的笔画特征及书写方法。

2. 能正确地使用毛笔临写一种风格的书法,有一定的背临能力,能创作简单的毛笔书法作品。

3. 能初步评点和欣赏一幅书法作品,了解书法的表现、欣赏、评价、创作等基本方法。

三、课程内容

在无纸化办公的今天,汉字的书写已经被淡化,尤其软笔书法。作为中华儿女,写好汉字就是继承中国文化,因为书法是中国文化不可或缺的一部分。本课程具体内容如下:

(一)书写的基本姿势和软笔书法的基本技能

着重教给学生正确的执笔、运笔方法,执笔轻重的调控,书写坐姿、站姿等要领;让学生知道汉字各种笔画的写法、不同结构的处理技巧;初步掌握汉字五种常见结构,感受汉字的形体美;知道书法作品的基本要素。

（二）软笔书法的基本章法

通过一系列严格的学习及书写训练,使学生养成良好的写字习惯,具有一定的独立临写能力。书写内容包括课内外文章、诗词、对联、名言、警句等,并着重从通临全帖方面加以指导,培养学生虚心、诚恳、一丝不苟的品德,为今后的创作打下基础。

（三）欣赏软笔书法作品

此部分内容重在教会学生进一步体会汉字的优美和独特魅力,能运用相关知识指导自己的行为,并能初步评点一幅他人的作品。使学生在进一步欣赏中开阔眼界,提高审美能力和人文素养,同时在潜移默化中培养学生热爱祖国的语言文字,热爱祖国的书法艺术。

四、课程实施

本课程为了确保活动的有序实施,高效运转,面向五、六年级的社团学生开展教学。学生自愿报名,组成书法（软笔）校本课程活动小组,集中进行书法训练。以每学年为一个教学周期,上、下学期各12课时,共24课时。活动地点在学校书法室,具体实施方法如下:

（一）实践学习法

课堂上通过讲解示范、技法展示、视频展示、让学生交流感悟。书法学习更重要的是学生的书写实践,学生可选择适合和自己喜爱的字帖,课堂上进行练习实践,鼓励并指导学生充分利用课余时间,认真练习,每天确保20分钟左右。

（二）展示教学法

在日常教学中,每次学生练习实践后,都选择一些优秀作品在科艺节"百人书画大赛"进行展示和点评;或者开辟班级写字园地、校园书法宣传窗,并组织学生观看书法展览,让学生在欣赏中不断学习,不断进步。书画展览是学生展示自我、促进交流、弘扬传统文化的有效途径,通过书画展览,学生既提高了书法作品鉴赏力,又体会到了成功的喜悦。

（三）赛事教学法

为体现学生一个时期的软笔书法学习程度和训练结果，可在校内举行形式多样的书法比赛，如现场写字竞赛、利用节日开展全校性书法大赛，给学生提供锻炼的机会，培养学生的竞争意识，使一些软笔书法素质好、书写水平高的学生一展才华。

（四）节庆教学法

每逢节庆日，我校组织书法特长生书写春联，免费赠送过往的群众。通过此项活动，让学生明白艺术"学以致用""为社会大众服务"的意义，对于打造和谐社会，继承和发扬我国优秀的传统文化都有着积极意义。

五、课程评价

本课程的评价主要放在学生学习书法的过程，注重学生能力的培养，关注学生在学习过程中的表现，如习惯、态度、积极性、参与状况等，由教师对学生学习的客观效果采取适当的方式进行评价。评价的方法如下：

（一）展示性评价

评价软笔书法作品的优劣主要通过字体的线条、流畅性、还有整体性来判断。每节课，老师都评选出优秀作品在课堂上展示；学期结束前，每个学生都写一幅作品进行学期评奖，评选出"最佳作品"。

（二）评选性评价

教师根据学生在学习中的表现、训练实践的态度、运用技巧的能力、书写作品的水平，给学生适当的评价，采取"优秀""良好""及格"等级制评价。

（三）评价标准（满分 100 分）

1. 用笔 20 分："书法之妙，全在用笔。"康有为认为一篇书法作品的好坏，关键就在于对于用笔技巧的掌握，而这也是能够写好一幅作品的基础。

2. 结构 20 分：一幅成功的书法作品，单独的笔画美不能直接构成书法的美。如果字的排列如一堆乱柴火，似一盘散沙，必然会使人眼花缭乱。以汉字为表现对象的书法艺术是以整个字的形式出现的，因此以笔画为组成材料的汉字结构美是极为重要的。

3. 章法 20 分：章法是书法作品重要的构成因素和表现手段。章法与用笔、结构一起构成了书法艺术的三要素。这正是书法作为一种艺术门类有别于日常写字的一个重要标志。章法就是安排整幅书法作品中字与字、行与行之间既和谐统一，又富于变化，使一幅字显现出整体美的法则。

4. "形"与"神"20 分：书法中"形"与"神"的统一，是书法艺术的精髓之一，形是神的所生之地，因此在书法创作过程中，历代先贤都十分注重形的刻画，如卫夫人在《笔阵图》中就提到"每为一字，各象其形"，意思就是每写一个字，都要通过这个字的造型来反映出客观事物的形象特征，而且不仅仅是形似，更应该神似。

5. 韵 20 分：提到书法的美，就不能不说草书的动势之美。索靖的《草书势》对用结体的变化来表现动态美作出了如下描述："骐骥怒而逼其辔，海水窊隆扬其波。""玄熊对踞于山岳，飞燕相追而差池。"草书结体就如奔跑中的运动员一样，竭力打破平正稳定的体势，或上体前倾，或上部后仰，这种前倾或后仰打破了平正稳定而产生了动态美。

（课程设计：陈娟、朱宇秀）

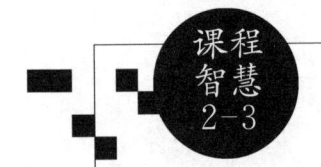

课程智慧 2-3 经典诵读

适合对象：五、六年级学生

一、课程背景

中华文化博大精深，源远流长，从《诗经》到诸子百家的典籍贤文，再到唐诗宋词元曲，其知识之广泛，包容之博厚，辞章之精华，内涵之丰富，是任何一个民族都难以望其项背的。

本课程的理念是：感受传统文化魅力，提升人文素养。中华文化博大精深，不仅可以使儿童了解传统文化，丰厚文化底蕴，而且可以启迪智慧、陶冶情操，培养儿童的道德情操。开展中华经典诗文诵读活动，对于传承和弘扬中华民族优秀传统文化，增强民族自豪感和文化自信心，提升广大公民和青少年的道德素养和语文素质，具有重要意义。

二、课程目标

1. 通过诵读、熟背经典美文、唐宋诗词，以达到文化熏陶、智能锻炼与人格培养的目的。

2. 了解优秀的中华文化和民族精神，从而产生民族自豪感和爱国主义情感。

3. 培养学生读书兴趣，掌握诵读技巧，培养阅读习惯和能力，使学生在诵读中增强语感，感受文言精华，提高学生的语文水平和审美能力，提升学生语文素养。

三、课程内容

中华文化源远流长，中华诗文浩浩汤汤。吟诵经典，既可以让民族的精神在我们的血脉中流淌，又能让华夏文化撑起我们人格的脊梁。本课程的内容主要有：

（一）国学经典

《弟子规》《朱子童蒙须知》《孝经》《对韵歌》《颜氏家训·风操第六》《颜氏家训·勉学第八》《论语·为政》《论语·雍也》《论语·阳货》《论语·颜渊》《论语·乡党》《论语·子路》

（二）古典诗词

《塞下曲》（卢纶）

《明日歌》(钱鹤滩)

《夏日绝句》(李清照)

《风》(李峤)

《独坐敬亭山》(李白)

《池上》(白居易)

《绝句》(杜甫)

《山行》(杜牧)

《大风歌》(刘邦)

《秋浦歌》(李白)

《竹里馆》(王维)

《江上渔者》(范仲淹)

《八阵图》(杜甫)

《易水送别》(骆宾王)

《草》(白居易)

《江雪》(柳宗元)

《滁州西涧》(韦应物)

《问刘十九》(白居易)

《回乡偶书》(贺知章)

《咏鹅》(骆宾王)

《咏柳》(贺知章)

《静夜思》(李白)

《清明》(杜牧)

《望庐山瀑布》(李白)

《登鹳雀楼》(王之涣)

《村居》《游子吟》(孟郊)

《游园不值》(叶绍翁)

《枫桥夜泊》(张继)

《春日》(朱熹)

《梅花》(王安石)

《小池》(杨万里)

《如梦令》(李清照)

《关雎》(诗经)

四、课程实施

本课程按照荔园小学校本课程计划来设置课时,每个学期12课时,共24学时,通过经典诵读,读名家名篇,与好书为伴,与经典同行,来优化学生的诵读技巧,提高学生的诵读能力,并加强学生之间诵读技巧和经验的交流,促进其身心全面发展。

(一)创设经典诵读活动氛围

结合学校艺术节、班级文化建设等活动,通过校园广播、宣传板、黑板报、手抄报等形式,对经典诵读的活动意义、诵读内容等进行多方位宣传,使学生在潜移默化中受到经典的熏陶和感染。

(二)正确把握教与学的方法

各学科要根据学科特点,结合经典文学的内容,在教学中渗透经典文化,尤其是语文学科,以读为主,以读促背,加大指导力度。如:师生共同诵读、学生展示诵读等,使学生能按照一定的韵律诵读和背诵,通过故事了解意思。

(三)开展系列活动

定期举行古诗文朗诵比赛、背诵比赛,情境写诗比赛,诗配画、背诗大王评选等,营造诗文学习的浓厚氛围,使该项活动持续健康发展。活动形式多样,既让全体学生接受民族传统文化的滋养,又让不同层次的学生都能体验到成功的乐趣。

五、课程评价

经典诵读评价标准要因作品、学段和学生等有所不同,充分尊重学生诵读水平的个体性差异,采用多元评价,使学生形成良好的朗读习惯,并更深入更持久地诵读。

评价的具体操作如下:

(一)过程性评价

过程性评价的主要方法如下:根据各周诵读进度进行相应评价,关注常态的诵读过程的检查与激励,直接在诵读书中用"A、B、C、D"等级表示,由教师评、同伴评、小组评和自评四个部分组成。

(二)赛事性评价

在班级中开展诵读表演、诵读故事擂台赛,评选经典小达人,参加学校诵读擂台赛活动。诵读比赛评分标准如下:

1. 内容紧扣经典诵读主题,所选作品有意境或感染力,有哲理性或教育意义。(3分)

2. 普通话语音标准,声音优美清晰,自然流畅。熟练运用诵读或演讲技巧,语言富有表现力和感染力,能准确传达出作品的韵味或意境。(4分)

3. 着装整洁,与作品内容相符合,仪表大方,举止得体,恰当使用肢体语言表情达意,符合比赛时间和参赛人数规定。(3分)

(课程设计:陈娟、唐慧敏)

课程智慧 2-4 口语交际

适合对象:一、二年级学生

一、课程背景

英语是当今世界上主要的国际通用语言之一,也是世界上使用最广泛的语言。社会生活的信息化和经济的全球化,使英语的重要性日益突出。英语作为最重要的信息载体之一，已成为人类生活各个领域中使用最广泛的语言。许多国家在基础教育发展战略中，都把英语教育作为公民素质教育的重要组成部分，并将其摆在突出的地位。随着中国逐渐走进国际化，使用英语的范围也越来越广，现在日常生活中的许多地方都用得到英语。

小学生学习外语不仅可以增长见识，而且培养与现代社会相适应的能力。对英语初学者来说，最重要的不是讲授而是实践，在听英语中实践和在使用英语中实践，故而英语学习需要一个良好的语言氛围。

口语交际课程的理念是："在实际交际中，学会倾听、表达和交流。"课程中选择贴近学生实际生活的主题，让学生在课程中能学会文明地进行人际沟通与社会交往，发展合作精神。同时，一、二年级学生对英语口语兴趣浓厚，模仿能力强，在此基础上学生能在轻松的环境中快乐地学习地道的英语。

二、课程目标

1. 通过大量的口语练习和实践，了解一般日常生活和社会生活话题的对话，提高对英语学习的兴趣和自信心；

2. 初步掌握3—5分钟的连贯性的发言与交谈，做到语音、语调、语法基本正确，养成良好的学习习惯，感受英语学习带来的乐趣。

三、课程内容

本课程包括日常口语交际、话题教学、绘本阅读三大板块。学生从简单口语交际如打招呼、问候开始学习，逐步积累知识，掌握一定的语音语调技巧，实现简单的交流。

（一）日常口语交际

日常口语交际教学内容的设置包括自我介绍、同伴间相互问候、对他人的赞美与致谢、拜访与接待,等等,都是与日常交际相关的内容,可以融合在各类话题教学中。学生在学习过程中初步做到说得明白、听得懂,在技巧方面做到清楚、专注、得体。

(二) 话题教学

教学时以一个话题为中心,以文本为基础进行广泛学习活动。学生通过阅读、听取大量的相关资料,在参与特定话题的相关活动中深入理解此话题的内涵,拓展认知领域,开展思维活动。教学内容的话题设置包括对家庭成员的具体表达、对物品颜色的描述、对天气的表述、对自己及他人身体部位的描述、对食物喜好的表达、对不同动物的描述、对自己玩具的展示和对数字的表达。

(三) 绘本阅读

选择适合低年级儿童的绘本,开展多种形式的阅读活动,激发儿童的阅读兴趣,引领他们去欣赏、感知画面的美,并透过画面和文字去感受它们所传递的力量,读懂蕴含其中的道理,以获得心灵的滋养和生命的成长。在教学中阅读绘本故事、欣赏绘本故事并让孩子们尝试角色扮演。具体绘本包括天气主题的"It's the weather"、动物主题的"Little Mouse Deer and the Crocodile"、颜色主题的"Brown bear"和身体部位主题的"The Wobbly Tooth"。

四、课程实施

本课程共 24 课时,每周 1 小时,学习前教师需准备贴近实际语言的授课主题,学生在课堂上的学习能够学到比较贴近真实生活的语言文本,并且将其运用到现实生活当中去。具体实施方法如下:

(一) 视频教学法

口语交际课堂上采用录像、电影等视频教材,使学生在视觉、听觉上形成多方位的感受,引导学生练好基本功,从朗读、连读、分辨语调、反应、提问等微技能着手。学生通过听、模仿来学习比较纯正的语音语调,培养英语语感。具体步骤如下:

准备好新材料后,第一遍听材料,学生安静地听材料内容,不急于出声模仿。第二遍听材料,学生理解音频内容,并积累陌生词汇、短语及句型。第三遍听材料,学生模仿发声,复述出所听到、并能跟上的内容。

(二) 团体训练法

课上为学生提供运用英语进行口头交流的机会。要以学生为中心组织教学活动,可采取答疑、组织两人对话、角色扮演、小组讨论、分组表演、集体讨论等灵活多样的形式,以激发学生用英语进行交流、表达思想情感的兴趣,提供学生相互学习,相互交流学习方法的机会。具体步骤如下:

鼓励学生找一个或多个和自己英语水平差不多的同学结成对子或学习小组,进行日常对话,复述各人看过的故事、广播中听到的新闻等。

(三) 竞赛激励法

在限定的时间内挑战有一定难度的问题,对学生潜能的激发有很大的促进。一旦挑战成功,学生的自信心和学习该门课程的兴趣也会得到提升。口语交际课程通过朗读比赛、讲故事比赛、歌曲演唱会、演讲比赛活动,使学生有更多的运用英语的机会,提升学生开口说英语的兴趣。

五、课程评价

口语交际课程评价目的是鼓励更多的学生喜爱学习英语,鼓励学生喜欢用学到的知识在实际的生活中交流表达。因此对学生学习效果的评价采用闯关式评价和展示性评价相结合的方式。具体步骤如下:

(一) 闯关式评价

举办"口语大闯关"活动,将选修课的主题分为家庭成员、颜色、天气、身体部位、食物、动物、玩具和数字八大部分,学生使用闯关卡任选三项进行口语表达,如能流利、正确地通过三项主题的口语测试,则颁发"口语小达人"的荣誉证书。

(二) 展示性评价

即通过期末话剧"Brown Bear"表演,学生各自展示的学习成果等进行评价。评价包括正确性、流利程度、情感表现和仪态举止。具体的评分实施细则如下：

1. 发音标准、正确。（40分）

2. 朗读流利，不唱读，不重复回读，标点停顿和句中停顿恰当。（40分）

3. 能根据表达内容、情感需要，用不同语速、语调准确表达感情。（10分）

4. 仪态大方、自然，有自信。声音响亮，吐字清晰。（10分）

最后成绩以档次呈现：90分以上为A档，80分以上为B档，60分以上为C档。

（课程设计：陈婉欣）

第三章 小达人课程

美是生命的造物主,它源于生活,源于人心灵深处的体验和无限创造力,它是人类生命长河中的一股清流。而艺术审美是人的"修养教育",是做人的教育。对个人来说,是获得自由和解放的途径,是认识自己,提高自己,获得智慧的方法。在信息时代,艺术的感受、想象、创造等能力,已成为现代社会需要的综合型人才所不可缺少的素质。培养学生的艺术能力和技能,不仅对学生的生活、情感、文化素养和科学认识等产生直接与间接的影响,同时还培养学生的整合创新、开拓贯通和跨域转换的多种能力,促进人的全面发展。

英国教育家斯宾塞曾说："如果没有绘画、雕塑、音乐、诗歌及自然所引起的情感，人生就会失去一半乐趣。"艺术活动正是用感人的形式、丰富的内容、深刻的人文内涵打动每一个人的心灵。教育是关注学生"全人"发展的过程，在基础教育领域全面实施素质教育的今天，学科界限已经淡化，强调的是学科之间的联系与整合，尤其重视不同课程领域（特别是综合实践活动、体育、艺术等）对学生发展的独特价值。课程结构的转变，呼唤课程功能的转变，这一根本性的转变要求我们必须打破课程类型结构单一的状况，新课程全面推行已有十多年，我们荔园小学的老师几经实践，深刻感受到"艺术审美"小达人课程（舞蹈、合唱、古筝、科幻画、烹饪、木工、缝纫、编织等选修课）接近学生的生活，表达了学生的情感和文化追求，具有综合性、愉悦性、经典性和人文性，培养了学生创造、鉴赏的审美情趣，文化智能得以提升，应用价值得以体现，促使学生全面、均衡、富有个性地发展。

艺术审美是人的"修养教育"，是做人的教育。生理学家认为艺术活动对促进人大脑左、右半球均衡发育，合理运用有明显协调作用。应试教育使学生长期为文字数据所困，导致学生厌学、学习效率低下，左脑长期绷得极紧，导致左右脑发展不平衡，影响智力提高，忽视学生个性差异，缺乏创造力，制约整个素质全面提高。更重要的是"艺术修养"对个人来说，是获得自由和解放的途径，是认识自己，提高自己，获得智慧的方法。随着信息时代的到来，艺术不再局限于传统的剧场、戏院、音乐厅、美术馆，而是更为广泛地进入现代人的日常生活。越来越多的人文学者、科学工作者和工程技术人员尝试从艺术中吸取灵感，将艺术的思维方式渗透到自己的工作和研究中。艺术的感受、想象、创造等能力，已成为现代社会需要的综合型人才所不可缺少的素质。新课程将更加关注学生人格的健全发展，基础教育阶段的艺术审美课程日益走向综合，各学科之间交叉融合。如今我校的艺术审美课程综合了舞蹈、合唱、古筝、科幻画、烹饪、木工、缝纫、编织等选修课，这些选修课不是各门知识技能数量的相加，而是综合发展学生多方面的艺术能力；这些课程也不仅仅是培养学生的艺术能力和技能，而是对学生的生活、情感、文化素养和科学认识等产生直接与间接的影响，同时还培养学生的整合创新、开拓贯通和跨域转换的多种能力，促进人的全面发展。

我校小达人课程是同一人文主题（艺术审美）统领下的一种课程模式。它将舞蹈、合唱、古筝、科幻画、烹饪、木工、缝纫、编织等艺术门类统整在一起，是我们学校对课程内容进行统整的宏观观念，是实现课程综合化的理念。在这种理念的指导下，我们根据教育的实际情况和需要开发，设置真正具有可操作性的综合艺术课程的范式。在学校、教师、学生、家长和社会热心专业人士的协同下，我们对每一个课程的实施加以精心设计和组织。具体实施策略如下：

（一）有效的时间保障

艺术审美的培养是一个长期的过程，需要一定的学习周期，因此要给予孩子们时间上的保障。我校每个学期都会安排最少12课时的选修课程，每周五下午2:00—3:00进行一小时的集中学习。此外要求家长在平日里能提供足够的时间给孩子进行选修课程的再学习和再创作。

（二）确保指导教师的专业化

艺术审美的培养是一项系统的工程，专业性较强。以学校现有的艺术教育教师无论是数量，还是技艺的广度和水平都不能满足学生的需要，仅仅依靠学校，无论如何都无法做到尽善尽美，因此必须在合法合理的范围内，借助外部力量。我们的做法是把学校、家庭和社区的艺术教育资源整合起来，学生自愿报名，学校统一组织编班，再根据教师的个人特长安排负责对口的选修课程，指导教师以学校教师为主，另外外聘部分专业教师。本着专业的事情由专业的人员去做的原则，确保小达人课程的教学质量。

（三）教师指导与学生实践体验相结合

艺术类选修课教学，教师的主要任务是给予指导和帮助。教师的作用贯穿于整个活动过程。如：学生实践前的示范,实践过程中的点拨与启发,实践后的拓展与延伸。学生在活动中应给予较大的自主权,最大限度地发挥学生自己的主观能动性。

（四）科学性与趣味性相结合

在教学活动实施过程中,要针对学生年龄及心理特点以形象、具体、生动、活泼的形式开展活动,努力设计富有趣味性的教学方式,让学生学有所得、学有所乐,使他们在愉快的氛围中增长知识与才艺。如：合唱选修课要通过对各种歌曲、乐曲的歌唱、欣赏和情感体验,借助于音响、音调、音色和节奏、旋律,提高学生听觉上的艺术趣味、审美能力,陶冶其情操。再如科幻画选修课要通过美术技巧的训练和对美术作品的欣赏,借助于线条、色彩、造型,培养学生在视觉上的艺术观察和艺术欣赏能力,形成正确的审美情趣和审美意识,使其想象力和创造力得到进一步激发。

（五）提供展示平台,激发个人兴趣

每年的六月份为学校的科艺节,由学校大队部组织,开展全校性的综合艺术比赛。比赛项目众多,有声乐类、器乐类、舞蹈类、书画类,等等,参加艺术类选修课的学生都要参赛,目的是让每个学生在比赛中得到锻炼,提高艺术兴趣,稳定学生艺术特长倾向。此外,学校每月进行一次针对各班班容班貌进行评比活动,促使每个班的学生都能精心布置教室内外,墙上贴有学生自己的书画、照片,窗台上是学生自己栽培的花卉,走廊顶部挂着学生自己制作的工艺装饰品,五彩缤纷。在充满艺术美的环境中学习,每一个学生都得到美的熏陶,看到自己的作品给人带来美的愉悦,学生内心充满了成就感。

科学求真,道德求善,艺术求美,可以说,"真、善、美"便是"美"。艺术素质作为一种国民素质,是一个比文化道德素质更高、更综合的文明进步的标志。我们荔小人几年来坚持开展小达人（艺术审美）课程教育,构筑健康向上的艺术环境,有效地促进了学生艺术素质的提高。

课程智慧 3-1

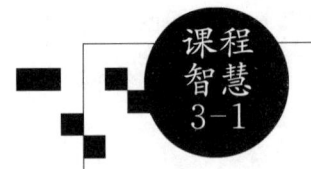

古　筝

适合年级：一至六年级

一、课程背景

古筝又名"秦筝"，是我国最古老的弹拨乐器之一，民族特色浓郁，蕴含着博大精深的文化。古人曾用"弹筝奋逸响，新声妙入神"的生动诗句来描绘古筝的美妙。古筝常用于独奏、重奏、器乐合奏和歌舞、戏曲、曲艺的伴奏。因音域宽广、音色优美动听，被称为"众乐之王"，亦称为"东方钢琴"。古筝发展到近代，形成多个富有地方特色的流派艺术和代表曲目。在现代民族管弦乐队的合奏中，古筝已占有着非常重要的位置。

通过古筝的学习，可以提高学生的综合能力，奠定复合型人才的能力基础；能够使学生在潜移默化之中陶冶高尚的道德情操；在"仁者之器"的雅乐中，接受传统文化的熏陶和润养，不断提升自身的文化艺术修养。

本课程的教学理念为：让悠扬的琴声流淌进每一颗童心中。古筝是中华传统乐器，音色优美，易于入门，受人喜欢。基于让孩子们"德智体美"全面发展的目的，创办了古筝课程这一富有民族特色的兴趣课程。通过课程教学，让孩子们进一步了解古筝，掌握其演奏技法，感受中华传统文化的魅力，从而弘扬中华民族传统文化，激发民族自豪感、自信心，筑牢民族精神。

二、课程目标

1. 认识古筝，知道它的历史，了解古筝各部分名称。
2. 认识民族乐器的基本音阶，能初步会唱五声音阶，熟练掌握古筝的四大演奏技巧和基本演奏形态。

3. 在分辨悦音与噪音的基础上，能够演奏四首传统筝曲，并能够合奏四首较低难度的古筝合奏曲目。

三、课程内容

本课程的内容主要是古筝基本功的训练，古筝的排练及古筝表演展示，让孩子们通过基本功的训练更好地掌握曲目。具体内容主要分为基础知识学习、技法学习及不同风格乐曲的学习三个方面。

（一）基础知识学习

学生的器乐学习大多属于零起点。根据其特点，对学生的基本功练习采取有针对性的训练方法，从演奏姿势和基本弹奏技法两个方面入手，教给学生一些基本功的训练方法，从而帮助他们更快更好地掌握古筝的基本演奏方法，提高教学质量。

（二）技法学习

认真打好技术与艺术两方面的基本功，把专业理论知识和演奏技能结合起来。系统学习古筝理论知识，它包含古筝的演奏技巧、流派等方面的内容。主要进行琶音练习、扫搓练习、摇指与左手拨弦练习、摇指与左手分解和弦练习、摇指与左手和音的配合练习。除此之外，还要进行上滑音练习、下滑音练习、回滑音练习、分解和弦练习、双手弹奏练习、按音的音阶练习、花指与刮奏练习、左手技法综合练习。

（三）不同风格乐曲的学习

通过课堂教学及学生的不断练习，使学生逐步掌握科学的演奏方法和技巧，初步了解不同国家、不同民族、不同地区、不同时代的作品风格，从而准确理解各类作品所表现的思想感情。

四、课程实施

本课程按照荔园小学校本课程计划来设置课时，每个学期12课时，共 24 学时。具体实施方法如下：

（一）课前准备

每个学年初，只要符合条件的学生都可以在规定时间内在学校选修课网站上进行报名。上课场地设置在五楼电教室，课前教师布置好课堂，摆好古筝、谱架等，学生佩戴古筝弹奏演奏指甲准备上课。

（二）讲解与示范

首先向孩子们讲解古筝乐器的相关知识。接着告诉孩子们如何佩戴古筝弹奏中所需要用的演奏指甲，以及每个指头的弹奏方法并示范给孩子们看。

（三）观看与练习

学生通过观察教师教授的分指练习与手指之间的搭配练习曲目后再进行反复的训练，并在反复的练习中提高自己的弹奏技法，最后逐步做到能单独弹奏曲目或小组合作弹奏。

（四）展示与欣赏

分小组进行展示演奏，各小组之间相互欣赏并给出自己的评价。通过展示，让孩子们平时的练习成果有机会表现出来，通过欣赏评价来提高孩子们相互学习的积极性。

五、课程评价

学习本课程的目的是鼓励更多的学生喜爱古筝，鼓励他们多多展现自我，提高学生的艺术修养。因此对学生学习效果的评价采用评选性评价和展示性评价相结合的方式。

（一）评选性评价：准备、课堂纪律情况；基本功的练习随堂检验；记录每节课与同学合作情况。

（二）展示性评价：根据学生乐曲展示完成情况进行评价。

最后成绩以档次呈现：90 分以上为 A 档；80 分以上为 B 档，60 分以上为 C 档。

A 档：能够将基本功的练习曲按照节拍器速度为 100 进行流畅地

演奏,能够非常流畅地弹奏一首完整的乐曲,并具有较好的表现力。

B档:能够将基本功的练习乐曲按照节拍器速度为80进行流畅地演奏,能够完整地演奏一首乐曲,表现力一般。

C档:能够将基本功的练习乐曲按照节拍器速度为60进行流畅地演奏,能够完整弹奏出一首乐曲。

(课程设计:陈苹)

课程智慧 3-2　少儿拉丁舞

适合对象:三、四年级学生

一、课程背景

拉丁舞。早在16世纪的时候,欧洲的征服者们为了得到充足的劳力而把大批的非洲黑人运到美洲大陆,到了17至18世纪,来自这三个洲的文化已在美洲大陆上逐步融合。舞蹈作为中下层人们的主要娱乐方式,自然也充分体现出了这种文化的融合,而且随着后来欧洲宫廷舞蹈元素的流入,这些民间舞又有了进一步的规范、衍变和完善。

舞蹈艺术是人体通过肢体动作进行内心表达的一种情感性运动,它不仅对人体的形态风度有重要的塑造作用,而且在陶冶人的心性、提升人的修养中可以发挥积极的作用,培养学生具有一定表演比赛能力和欣赏比赛能力。在少儿体质不断增强的情况下,还将逐渐养成高贵、典雅的艺术气质。

拉丁舞的理念是:让孩子在律动中感受舞蹈的快乐。拉丁舞是大众民间舞蹈,随意、休闲、放松是它的特点,有较大的自由发挥空间,它对强身健体、矫正不良形体、提高自身气质也非常有效。拉丁舞的五项舞蹈各有风格,桑巴的激情,恰恰的活泼,伦巴的婀娜,斗牛的强劲,牛仔的逗趣。风格的不同,最主要的是内涵的把握。

二、课程目标

1. 掌握拉丁舞的基本知识、基本技术、基本技法,以及舞蹈动作难度的把握,具有一定表演比赛能力和欣赏比赛能力。
2. 掌握基本的练习方法,培养音乐感,将拉丁舞套路熟练完成,有较强的表现能力,逐渐养成高贵、典雅的艺术气质。

三、课程内容

本课程以拉丁舞基本动作为主旋律,学习拉丁舞的基本身体姿态、伦巴舞的基本步、恰恰舞的基本步。具体内容如下:

（一）拉丁舞基本功

主要内容是拉丁舞基本功的训练,基本身体姿态（手形,脚形,身形）,从而增强学生肢体表达能力,培养对拉丁舞的兴趣爱好。

（二）伦巴舞步

少儿拉丁伦巴：基本律动,库克拉恰,摇摆步,方步,定点转,手对手,纽约步,四分之一转,手对手,华门步,以及套路组合。

（三）恰恰舞步

少儿拉丁恰恰舞：基本律动,横移步,前进后退,四分之一,定点转,纽约步,高位扭臀。

四、课程实施

本课程采用多种教学方法相结合,在学习新授内容时运用分解示范法；学生掌握一定技术后采用分组练习法、对比法；在学生有一定技术基础后采用练习法、比赛法来提升学生的兴趣。本课程按照荔园小学校本课程计划来设置课时，每个学期 12 课时，共 24 学时，具体实施方法如下：

（一）准备活动

各关节活动：头部活动、手腕活动、踝关节活动、膝关节活动。

上身运动：提肩、双提肩、肩绕环、振臂、扩胸。

全身运动：体前屈、体转运动、体前屈涮腰。

（二）基本功训练活动

基本站姿：双脚并立，身体尽量伸直，使头、肩、胯三点成一线，两眼平视，脖子拉直，下颚稍微内收，使人可以从后看到后颈较直。挺胸使两肩胛骨向后向内关闭，两肩下沉同时将身体的中段（胸腰部分）向上拨起，使身体的中段和两肩有个互相顶压的力。臀部稍向内收，小腹向上拉，但不可过分使身体变形，感觉上身躯干是直的。两条大腿要稍内收，双膝要绷直，不可弯曲，大腿和小腿的肌肉要收紧，感觉是向反方向拉紧。

（三）舞步学习训练活动

预备步站姿：左脚在前，脚尖向前方，身体重心在左脚，身体尽量伸直，使头、肩、胯三点成一线。右脚在后打开，膝盖绷直，大拇指内侧点地，脚跟向内侧下压，不要翘起来，脚面绷直。右胯向后斜 45°打开，使身体从上身到右脚尖形成一条很长的直线，可以在舞蹈中表现出很漂亮的形态和体型。

五、课程评价

本课程采用多种评价方法相结合的方式，从多个方面对学生就本课程的学习情况进行评价，注重学生在学习过程和成长方面的评价。评价由赛事性评价、评选性评价两个方面组成，具体操作如下：

（一）赛事性评价

赛事性评价分高年组和低年组进行，一年级到三年级为低年组，四年级到六年级为高年组。根据学生在本学期所学习的内容进行考核，低年组考核内容为：拉丁舞基本舞步，两分钟拉丁舞自由比赛。高年组考核内容为：拉丁舞基本舞步，自编拉丁舞比赛。舞蹈内容健康，积极向上；动作协调优美，队形变化美观；服装得体大方，演出时富有表情；演出时节奏感良好，给人以美的享受。

(二) 评选性评价

技能大比拼共设置两个项目，分别为基本舞步能手和拉丁舞王，分别评出"最佳舞步达人""最美拉丁舞王"两个奖项，每个项目操作如下：

最佳舞步达人：比赛分为7个舞步，参赛队员按抽签进行比赛，由评委根据评分标准评分，两组最高分者胜出，获得"最佳舞步达人"。

最美拉丁舞王：各个队员分别在5分钟内利用所学的技能进行自由表演，评委根据评分标准评分，两组高分者胜出，获得"最美拉丁舞王"称号。

(课程设计：叶静儿)

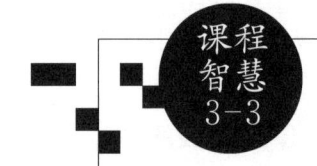

课程智慧 3-3　合　唱

适合对象：五、六年级学生

一、课程背景

我国合唱艺术的发展有悠久的历史，它的起源便是学堂乐歌。学堂乐歌的创作，处于我国近代音乐文化的起步阶段，主要以集体歌咏的形式，一大批音乐教育的先行者留学归来，引进西方新歌曲曲调，加填新词加以改编，后逐渐发展形成中国有特色的合唱。

本课程的理念是：每个孩子都是闪亮的星。合唱的艺术与魅力是需要"亲身感受"的，只有真正身处于合唱中，才能被合唱潜移默化地改变,希望每一个孩子通过合唱练习和演出的经历,了解合唱这门艺术,感受音乐的魅力,增强自信,拥有独特的音乐气质。

二、课程目标

1. 通过本课程的练习,能够在听觉上做到分辨三个声部,听音上能够做到八度以内在钢琴上白键上辨别单音、音程、和弦。听写上能够写以 4/3、4/2、4/4 为拍号的节奏。

2. 做到集体的声音和谐统一,融于一体,最终达到"合"的境界。

3. 在学习中提高对音乐的鉴赏能力,提高形象思维的能力,自然建立和谐融洽的合作友谊。

三、课程内容

合唱的教学主要在于对音乐的兴趣,音乐审美能力、表现能力和进行思想品德教育的培养具有重大的意义。本课程主要分为三大模块,具体内容如下:

(一)基本功训练

声音上的训练、音准训练、协调训练、咬字吐字练习。

(二)赏析优秀合唱实例

优秀的合唱实例可以在课堂中起到很好的模范作用。激发孩子们在课堂中的学习兴趣,树立高远的目标,通过共同分析,模仿优秀的合唱作品,让孩子体会到合唱的魅力。

(三)演唱作品

演唱的作品将会由易到难,亲身体验演唱歌曲,感受合唱歌曲的魅力。

四、课程实施

本课程共 24 课时,采用方式:声音训练、音准练习、发声练习、学唱歌曲、分声部练习、最后表演歌曲。具体实施方法如下：

（一）声音的训练

起声训练主要包括以下几个方面：高位置训练，头腔共鸣训练，扩展音域训练，流畅性训练，顿音训练，连音训练，和弦听唱训练等。

（二）音准练习

主要的唱音法要领为：大音程的唱音要向上行的大音程扩大，把第二个尽量唱高，小音程的唱音法要向小音程方面缩小。整体练习，音阶练习，音程的练习，分声部练习。

（三）感受歌曲

用心聆听歌曲，感受歌曲的旋律，感情。经常选听少儿金曲，如《让我们荡起双桨》《听妈妈讲那过去的事情》等，让北京银河少儿合唱团和上海小荧星伙伴合唱团的歌声为学生提供典范。提高欣赏水平，了解一些优秀合唱作品的表演风格和表现形式。

（四）学唱歌曲

用"lu"轻声哼唱、加入歌词轻声优美的演唱。

五、课程评价

合唱的目的是让孩子们喜爱歌唱，提高学生的艺术修养。因此采用学习效果的基本功展示评价和歌曲表演展示评价相结合的方式，有老师的评价，也有自我评价和学生之间的相互评价。

（一）赛事性评价

"最美童声团"：4人为一个小团体，评选出"最美童声团"。一是声音(40分)，具体标准是：

1. 声音自然、发声正确(20分)；
2. 具有很好的表现力、节奏张弛有度，符合歌曲思想感情的起伏变化，具有感染力(20分)。

（二）积分制评价

"晨练积分"：所有选修本课的同学，一同参加评选。具体标准是：

1. 每周能坚持参加晨练的积分一次,以此类推累计共 10—15 次的同学获得相应奖励(20 分);

2. 共累计 5—10 次晨练的同学获得相应奖励(10 分)。

(三) 表现性评价

测评题目为"我为爸妈唱一支歌"(40 分)。可以自行选择组成团体或者个人的形式,自行选择演唱一首歌曲邀请父母们来欣赏评价。具体标准是:

1. 所选择的歌曲符合主题,内容正确(10 分);

2. 所选择的歌曲能够引起爸妈的高度认可(20 分);

3. 歌曲的编排与演唱能够得到教师与同学的认可(10 分)。

(课程设计:叶菲)

课程智慧 3-4

芭蕾舞

适合对象:三、四年级学生

一、课程背景

芭蕾起源于意大利,诞生在 17 世纪后期路易十四的法国宫廷,到 19 世纪末期,在俄罗斯进入最繁荣的时代。芭蕾在近四百年的历史发展过程中,对世界各国影响很大,流传极广,至今已成为世界各国都努力发展的一种艺术形式。

本课程教学理念:"让每位孩子体会足尖与身体协调的艺术。"舞蹈艺术具有鲜明的审美愉悦性,通过芭蕾舞的学习,让孩子爱上芭蕾舞这个艺术文化门类,接受美的感染和熏陶,培养儿童积极创造的精神,发展他们的意志和想象力,从而使他们的思维能力受到锻炼,唤起他们的求知欲,尽可能使他们正确地认识现实世界与周围事物,以达到巩固其自身既有的道德感。

芭蕾舞是培养儿童协调性、节奏感、音乐理解力、自我表现力、协同合作能力的最好方式。通过儿童芭蕾训练能有效地完善儿童综合素质,并全面提高儿童修养及审美水平。

二、课程目标

1. 了解舞蹈的基本手位,脚位,把上、把下基本动作训练,基本舞步等;理解动作的基本要求、要素,从而丰富艺术知识。

2. 掌握必要的芭蕾舞知识和技能,能够纠正不良的姿态和形体。提升动作所需要的肌肉能力、外开能力,以及动作的稳定性与准确性。

三、课程内容

本课程由芭蕾舞介绍、基本功训练,芭蕾舞基本手位、脚位练习,作品学习,展演等内容构成。主要分为三部分:芭蕾舞基本功训练、芭蕾舞作品学习、芭蕾舞作品展演。

(一) 芭蕾舞基本功训练

通过舞蹈基本功的训练,增强孩子的肢体表达能力,培养对芭蕾舞的兴趣爱好。学习芭蕾舞5种基本脚位和7种基本手位,芭蕾中脚的5种基本位置是最早要学习的动作。

(二) 芭蕾舞作品学习

学习、排练芭蕾舞作品《胡桃夹子》《天鹅湖》,提高学生的模仿力、想象力、自主创造能力等;通过学习了解如何在舞蹈中表达情感,从而锻炼舞台表达能力。

(三) 芭蕾舞作品展演

排练两部舞蹈作品《胡桃夹子》《天鹅湖》,在学期末展示,感受芭蕾舞的魅力,用舞蹈来表达自己的内心世界和情感,丰富对美的理解与诠释。

四、课程实施

芭蕾舞蹈课程的开设不仅仅依托良好的硬件设施——宽敞明亮的舞蹈教室,设备齐全的硬件配置,更重要的是对这一课程的深刻认识。本课程共有12课时,24学时。实施的方式为:分组观摩与鉴赏、模仿与练习、排练与展示三部分。实施路径与方法如下:

（一）观摩与鉴赏

观摩优秀的芭蕾舞作品能够提高学生的审美情趣,通过观摩与鉴赏能够产生情感波动,让学生畅谈观赏芭蕾舞的感受,学会鉴赏,激发学生学习舞蹈的兴趣。

（二）模仿与练习

加强舞蹈基本功的训练,通过模仿教师的基本功动作,不断练习舞蹈基本功,提高身体各个部位的协调性,为更好地表达舞蹈内涵打下扎实的基础。

（三）排练与展示

利用学校开学典礼、散学典礼、毕业典礼或校外各种活动的舞台,让孩子参与芭蕾舞的表演,感受到欢快活泼的气氛,提高全身性的肌肉和骨骼的协调能力。

在本课程实施过程中要注意以下两点:一、学生实践体验与教师引导性指导结合;二、教学活动中,教师的主要任务是给予指导和帮助。

五、课程评价

对本课程的评价内容,主要从以下三方面进行:一是学习过程中的基本功训练与模仿练习。二是舞蹈课程活动中的动作和表现力。三是团队活动中的合作分享。本课程在评价方式上,主要为过程性评价、表现性评价与展示性评价相结合，包含自评、家长评、师评相结合。具体做法如下：

（一）过程性评价

学习过程中的基本功训练、舞蹈作品学习，通过自评、互评的形式用分数表示，90 分以上为优秀，80 分至 89 分为良好，70 分至 79 分为合格，70 分以下为不合格。

（二）表现性评价

该评价，从舞蹈作品的模仿学习能力、舞蹈动作是否到位、是否有表现力等进行分组评价，80 分以上为满意，80 分以下为不满意。

（三）展示性评价

1. 动作优美、衔接流畅、富有韵律感、感染力和表现力强。（40 分）
2. 表演完整、连贯、节奏准确，能与音乐自然融合。（30 分）
3. 情绪饱满、表情生动，恰当运用服装、道具等烘托表演气氛。（30 分）
4. 总分最高的学生获"芭蕾公主（王子）"称号。

（课程设计：朱敏）

课程智慧 3-5 十字绣

适合对象：三至六年级学生

一、课程背景

随着计算机家庭化，儿童、少年、青年甚至成年人，将大量业余时间用于上网、玩游戏、聊天，自己亲自动手做的事情越来越少，连钉纽扣、洗衣服等这些最基本、简单的事，孩子都越来越少参与。因此，我们设计该十字绣手工课程，以培养孩子动手劳动、创造的能力。

本课程的理念是：绣出美丽生活。十字绣是最基本的手工劳动,它在培养学生动手能力的同时,也培养学生的耐心、恒心,丰富了学生的课余生活。通过十字绣课程的开设,可以让学生在十字绣课程中学习、成长,感受传统文化的魅力,感悟人生的哲理,同时不断创新、实践,用手中的针和线,绣出一片广阔天地,为自己的未来描绘一幅美好的蓝图。

二、课程目标

1. 通过本课程的学习,了解十字绣的历史意义和它的起源、文化,以及在生活中的作用。

2. 在学习十字绣的过程中,知道十字绣的编制原理,能看懂操作示意图,以及掌握走针路线。

3. 通过本课程的学习,培养细心、耐心精神,培养审美意识和团结合作精神。在劳动过程中有情感体验,养成良好的劳动态度、观念和习惯。

三、课程内容

（一）十字绣文化

了解十字绣的起源、社会地位、用途及发展前景,欣赏作品中各种绣法的运用、绣品风格、图案创作及装饰运用等,受到美的熏陶。

（二）十字绣基本针法

全针绣法(X)、半针绣法(1/2X)、四分之一绣法(1/4X)、回针绣法。

（三）十字绣作品

练习并制作绣一些图案,例如可爱的小动物、美丽的花儿、诱人的水果、英文字母、卡通画、小挂件饰品等。

四、课程实施

采用理论与实践相结合的方式,让学生的手、眼、脑充分地动起来。

每节课前根据上课内容准备好十字绣材料,在教学过程中注重培养学生的动手能力、操作能力、审美能力;鼓励学生继承传统文化的同时,培养学生的创造才能和创新能力,让学生获得成功的体验和信心。本课程按照校本课程计划来设置课时,每个学期 12 课时,一学年共 24 学时。具体实施如下:

（一）讲解教学法

通过讲解向学生介绍十字绣的概念、起源、特点和用途等,传递资料信息,使学生了解十字绣的文化与功能。

（二）作品示范法

对需要实践操作的内容进行现场演示,通过示范操作各种十字绣的绣法技巧,强调关键步骤和注意事项,使学生获得知识、技能。

（三）实践操作法

让学生自己动手绣十字绣,引导他们大胆实践、体验,激发他们的活动热情,培养学生的创造能力。

五、课程评价

新的课程标准中指出,不仅要关注评价的结果,更要关注评价的过程。十字绣课程注重形成性评价和发展性评价,充分关注学生的过程体验,关注学生的情感、态度、价值观,把学生完成作品的耐心与毅力作为评价内容之一。同时发挥评价的多元化,把学生自评、家长评和同学互评作为评价的重要内容。

（一）参与实践活动评价(30%)

自评:十字绣掌握程度,你能获得几个赞?

1. 十字绣文化的认识(1 个赞)

2. 十字绣功能的认识(1 个赞)

3. 十字绣的使用(1 个赞)

（二）参与课后练习评价(30%)

家长评价:坚持十字绣,你能获得几个赞?

1. 偶尔想到练习(1个赞)
2. 一周能坚持2—3次(2个赞)
3. 坚持每天1次(3个赞)

(三) 参与展示评价(40%)

自评、互评、师评：在十字绣作品展示过程中,你能获得几个赞?

1. 十字绣的使用是否正确(1个赞)
2. 作品完成度(1个赞)
3. 整体效果(1个赞)
4. 创意性(1个赞)

(课程设计：侯伟玲)

课程智慧 3-6 缝　纫

适合对象：五、六年级学生

一、课程背景

儿童的大脑正处于高速发展的阶段,适当地增加手工活动对儿童大脑发育的好处是显而易见的。在小学阶段,学生喜欢做手工作品,这种喜欢不但表现在美术课中的手工制作中,也表现在劳动课上的手工制作中,同时这种兴趣还常常延续到学生的课余。

本课程的理念是：细工夫,培养认真的态度。缝纫是选修课程的一项重要内容,它对于激发学生的缝纫兴趣,培养动脑动手和自理能力,以及认真负责的劳动态度具有重要作用。通过开展活动,使学生较熟练地掌握常用的手缝针法和一般的机缝方法,学会一般的缝纫工序、工艺,能动手缝制小件衣物,进而启迪智慧,激发兴趣,培养学生创造精神和做事耐心细致的良好品质。

二、课程目标

1. 通过对缝纫的学习，培养学生基本的生活技能、一定的审美情趣，以及热爱生活的态度，提高创造美的热情，丰富生活经验，养成耐心细致的学习习惯和积极向上的生活态度。

2. 多动脑、多动手，通过缝纫工具的学习和使用，训练学生的手眼协调能力，促进生理机制发展。

三、课程内容

本课程的内容包括初步了解缝纫、针线入门、手工缝纫三大板块，学生从零入门，从认识针线、正确使用针线开始，逐步掌握一定的缝纫技巧。每个板块的内容具体如下：

（一）初步了解缝纫

认识基本的缝纫工具、缝纫机的基本常用配件；认识缝纫材料；学会用缝纫尺子测量长度和围度；学会欣赏缝纫作品。

（二）针线入门

认识针线包，学会穿针引线、打结、藏线等基本技巧，学会钉纽扣。

（三）手工缝纫

学习并掌握平针缝技巧，初步了解包边缝、回针缝、藏针缝等针线技巧并尝试，手工缝制简单小物件。初学习缝纫时，由简单的穿针线入门，制作实用的小物件，以及学习缝纫机的使用和安全事项，激发学生的兴趣，并能更好地应用到实际生活中。

四、课程实施

本课程为荔园小学校本课程，每个学期都会设置12课时的选修课，每周五下午2:00—3:00进行为时一小时的集中学习。具体实施方法如下：

（一）学习前准备

在孩子正式拿起针线、操作缝纫机等工具之前，先带领孩子认识各种不同的缝纫工具，了解一定的操作要领。同时，搜集各种缝纫材料、成品等，与孩子一同认识和欣赏，培养学习的兴趣。

（二）操作与实践

学生在观摩学习之后，自己尝试拿起针线，从基本的穿针、打结、钉纽扣等开始，熟练之后可慢慢练习一些稍微复杂的针法。手工缝纫达到一定程度再开始学习使用缝纫机进行缝纫。

（三）成品与展示

每个学生至少要完成几件作品，例如卡套、杯垫、零钱包等，制作时可使用手缝与机缝相结合。作品会在校内展示，从而让孩子感受到成功的喜悦，有一定的成就感。

在本课程实施过程中要注意将学生实践体验与教师引导性指导结合。教学活动中，教师的主要任务是给予指导和帮助。教师的作用贯穿于整个活动过程，如：学生实践前的示范，实践过程中的点拨与启发，实践后的拓展与延伸。学生在活动中应被给予较大的自主权，最大限度地发挥自己的主观能动性。

五、课程评价

本课程采用多种评价方法相结合的方式，从多个方面对学生就本课程的学习情况进行评价，注意学生的掌握程度和作品方面的评价，评价内容由以下几方面组成：

（一）参与实践活动评价

自评：缝纫的知识和技能，你掌握了多少？

项　目	不熟练	一　般	熟　练
穿针引线、打结、藏线			
钉纽扣			
包边缝、回针缝、藏针缝等针线技巧			
手工缝制简单小物件			
缝纫机使用安全事项			
缝纫机走直线、曲线			

（二）评选性评价

利用课余时间做展示活动，把优秀的作品在学校展出。根据学生的展示得分，对学生的作品进行综合考核，评选出"优秀""良好""合格"。

作品	优　秀	良　好	及　格

（课程设计：黄瑜、郑丽娜）

课程智慧 3-7　编　织

适合对象：二至五年级学生

一、课程背景

杜威说："兴趣的价值在于它们所提供的那种力量，而不是它们所表现的那种成就。"课程是为了促进孩子们成长与发展，其最高价值在于让孩子们自由呼吸。因此"毛线编（钩）织"课程应运而生。毛线编（钩）织是一门综合艺术。它在增强学生审美情趣的同时提高了学生的动手能力；丰富学生课余生活的同时陶冶了他们的情操；培养他们变得心灵手巧的同时激发了他们的自信心和成就感。

本课程的理念是：编织美丽的梦想。编（钩）织作品不仅花色品种多，制作精细，而且美观实用，它是艺术创造和智慧的结晶，是我国工艺美术宝库中一朵绚丽多彩的艺术之花。毛线编（钩）织是一门综合艺术，是培养儿童审美能力、智力、良好道德品质、自我服务能力和创造能力的良好方式。

二、课程目标

1. 通过丰富多彩的毛线编织课程，让学生学会初步分辨各种毛线，各种编针、钩针；学会和掌握手工编织的基本针法，会编织简单的饰品。

2. 通过毛线编织，培养学生仔细观察的能力和动手操作的实践能力，从而提高学生热爱劳动、珍惜劳动成果的品质。

3. 借助毛线编织，培养学生良好的细致观察、自觉动手的学习品质，体验美，热爱美。

三、课程内容

通过本课程的学习，了解编（钩）织的历史意义、起源、文化，以及在生活中的作用；了解钩织的原理，能看懂操作示意图，以及钩织基本针法。

（一）感知探究钩织的物件范围，了解中国钩织的工艺魅力

感知探究钩织的物件范围，了解中国钩织的工艺魅力，体会其技艺创作千变万化，多姿多彩。感受潮汕等地域钩织特点和浓厚的文化内涵，激发对钩织的兴趣，产生动手创作的意愿。

（二）实践创作

结合钩织的基本技法，进行钩织。尝试不同的针法，创作各种钩织饰物。

（三）创新应用钩织

有了前两部分的学习和练习，能够创作出属于自己风格的钩织饰品，用于生活中，体现艺术来源于生活又服务于生活的理念。

四、课程实施

编织作品的创作集设计、手工和教育功效于一体，钩织设计固然有部分可以不拘一格，但更多需要创作者一丝不苟，不能有一丝的马虎，要有很大耐力。这不仅锻炼了孩子的动手能力、创造能力，而且还是培养孩子细心、静心、耐心的极好方式。具体实施方法如下：

（一）观看视频

观看视频了解编织的历史起源，感受编织的艺术美，激发学习的兴趣。只有孩子对编织感兴趣了，他们才会专注地看，注意地听，耐心地体验、观察、感受，才会对编织注入情感。

（二）掌握技能

引导孩子了解钩织工艺的相关技能，手把手教给每个孩子掌握一定的编织基本技法；认识一定的编（钩）织针法；让孩子进行钩织的练习实践与创作。

（三）展示交流

通过随时随地的展示，鼓励学生不断进步，不断提高。教师的表扬能在一定程度上帮助学生建立一种自信，而周围同学的赞扬与认可，能在更大程度上给这个学生极大的自信，最终培养学生对钩织这门技艺产生正面、积极的情感。

五、课程评价

从小学生的认知规律来看，他们身心发展尚未定型，喜欢被表扬，学习某一知识技能，总希望看到自己的成就，尤其是能得到教师的表扬、鼓励与同学的认同，这将促进他们树立自信心，让他们感到自豪和满足。故每一个学生完成的作品都值得鼓励，作品展示本身就是对学生最好的激励。因此,对学习效果的评价采用档案袋评价和结果性评价相结合的方式,鼓励发展个性特长延伸。

(一) 档案袋评价

1. 选择核心项目

核心项目作品是学生在整个课程中最能代表学习情况的成品,因此,核心项目的作品要全面、真实、完成度高。在作品中,具有代表性的有杯套、围巾、手套等。

2. 选择个人项目

在选择个人项目时,教师着重选择能反映学生个人独特兴趣和才能的作品。例如,该班有一个对编织围巾有强烈兴趣的孩子,她可以编出各种类型的围巾,且收集了各种围巾的图片,教师在她的作品中看出她的这个兴趣,类似的表现或者作品就可以作为个人项目收集到档案袋里。

(二) 展示性评价

"我有一双巧巧手"——作品展示,评选编织小能手。

优:作品完整美观,花色搭配合理,平整,无错针漏针,有创意。

良:作品比较完整美观,花色搭配比较合理,平整,无错针漏针。

合格:作品基本完整,无错针。

(课程设计:黄瑜、蔡穗英)

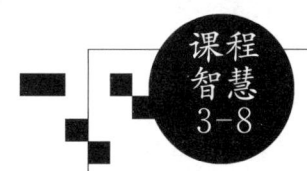

课程智慧 3-8 烘 焙

适合对象:五、六年级学生

一、课程背景

随着全球化的发展,饮食文化更加多元化,西点如今已经是我们生活中不可或缺的一部分。近年来,随着健康理念的普及,手工制作西点、家庭烘焙，越来越盛行。而我们的烘焙课程既是美育，又是德育，还是劳技课的最好载体，它既能培养孩子的动手能力、造型能力，还能培养孩子用双手捕捉创意、美化生活的能力。本课程以此为契机引导孩子们热爱生活、热爱劳动，并通过后期的成品展示、派送活动让他们体会分享、付出的乐趣。

本课程的理念是"体验美食乐趣，培养生活情趣"。烘焙课程通过理论与实际相结合，提升孩子们的学习兴趣及认知能力；通过理论学习和实践操作，掌握蛋糕、零食的基本制作方法。

二、课程目标

1. 认识简单的烘焙工具与烘焙材料，知道烘焙食品原料的特性和使用方法，感受烘焙的魅力。

2. 初步掌握蛋糕、零食制作的技术，能对其产品进行初步的品质分析，体验美食制作的乐趣。

三、课程内容

本课程内容主要是认识烘焙材料及工具，以及简单的西点制作。本课程旨在通过对西点工具、西点材料的认识和使用，让学生掌握西点的基本知识；通过学习蛋糕及零食的制作，让学生在实践中掌握基本的烘焙技术。

（一）对烘焙材料与工具的认识

认识乳品、鸡蛋、糖类、油脂、面粉、干鲜水果等烘焙材料。我们日常的烘焙材料主要包括粉类材料（高筋面粉、低筋面粉、其他粉类）、油脂、芝士材料（黄油、马苏里拉芝士、动物淡奶油、植脂鲜奶油等）、糖类材料（白砂糖、红糖）、干果材料、巧克力材料（白巧克力、黑巧克力），以及其他材料。

学会烤箱、电动打蛋器、厨房用电子秤、不锈钢料理盆、量勺、面粉筛、刮刀、烘焙模具、裱花袋等烘焙工具的使用。

（二）甜品与零食的制作

通过老师讲解与示范，让学生了解烘焙的基础知识，学会牛奶方块饼干、蜂蜜蛋黄饼干、阿拉棒、杏仁曲奇、戚风蛋糕、清新柠檬蛋糕、肉松蛋糕卷、热狗面包、经典白土司面包、豆沙卷面包、热狗面包、焦糖布丁、杏仁酥等的基本制作方法。

四、课程实施

按照荔园小学校本课程计划来设置课时，每个学期12课时，共24学时，每周用一小时的时间，采用理论与实践相结合的方式，从技能、技巧学习方面入手，在教学中多让孩子自己动手，多把实践的机会留给孩子们，引导孩子们大胆实践、体验、思考、讨论，激发他们的活动热情。具体实施如下：

（一）要点讲解法

老师每节课根据具体内容安排讲述糕点的制作步骤与操作流程，先展示制作曲奇饼干的原材料，接着现场讲解烘焙要点，从蛋糕原料介绍、配料的比例以及烤箱烘焙要点等步骤，详细讲解蛋糕制作的全过程。

（二）作品示范法

在教学过程中，老师先把成品展示给学生，然后分解每个步骤，示范烘焙作品的完整过程。在示范的过程中，同时提醒学生，在具体操作时要注意材料的配比与动作的力度。

（三）实践操作法

此处的实践操作是在老师的指导下，让学生自己制作，给他们动手实践的机会，让他们在老师的指导下，按照老师的制作流程一步一步地操作，引导他们大胆实践、体验、思考、讨论，激发他们的活动热情。

五、课程评价

为了提高孩子们对烘焙课程的兴趣与爱好，培养孩子们的动手能力，以及造型能力，同时更好地体验烘焙的乐趣与感受烘焙的魅力，在每节课的学习中可以采取一些评价方法。具体评价方法如下：

（一）作品性评价

每节课可以对孩子们的作品评选出优秀、良好、合格三个等级。

优秀等级：做出的零食或甜品，色香味俱全、造型独特、品种多样，口感柔滑、无渣、有嚼劲的。

良好等级：做出的零食或甜品，口感不够松软，造型不够多样化，形状比较呆板的。

合格等级：做出的零食或甜品口感欠佳，需要老师在旁边指导才制造出的。

(二) 评选性评价

根据学生的作品，老师和学生从材料处理、工具选择及技能掌握等方面，共同评选出以下三种烘焙师：

优秀烘焙师：能掌握烘焙的材料组成及分配比例，制作方法及烤制方法，能很好地独立烤制出作品的烘焙师。

良好烘焙师：能基本掌握烘焙的材料组成及分配比例，制作方法及烤制方法，能独立烤制出作品的烘焙师。

合格烘焙师：能认识与掌握烘焙的材料组成及比例，在老师的指导下能做出成品的烘焙师。

(课程设计：陈娟、吴桂花)

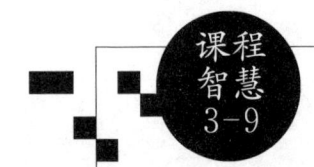

课程智慧 3-9　剪　纸

适合对象：二、三年级学生

一、课程背景

我国著名教育家陈鹤琴先生说过："学生应有剪纸的机会。"他认为剪纸可以使学生安静下来,专心致志地干一件事,还可以使他们练出一双灵巧的手,而手巧往往意味着心灵美,这是因为手部肌肉群的训练有利于大脑的开发。

本课程教学理念是"让同学们享受剪纸艺术的快乐"。根据教学的实际,着眼于学生身心和谐发展,是进行剪纸艺术教育的关键。剪纸教育是学生素质教育中的一部分,它的任务是从人的整体出发,从素质教育入手,使学生的身心和谐发展。

二、课程目标

1. 了解剪纸艺术历史和相关知识,认识一定的剪纸语言和表现手法,传承民俗文化。

2. 提高构图能力、想象能力等综合素质,从自己动手动脑的活动中,体味到生活的乐趣,更加热爱生活。

3. 发展兴趣,培养个性,感受艺术之美,体验成功的快乐,享受愉快的童年生活。

三、课程内容

本课程分为三部分内容,即感知探究剪纸、实践制作剪纸和创新应用剪纸。这三部分在内容上是环环相扣的。

(一)感知探究剪纸

了解中国剪纸的艺术魅力,体会其工艺创作的千变万化、多姿多彩。感受各地域剪纸独特的思维特点和浓厚的文化内涵,激发学生对剪纸的兴趣,从而产生动手创作的愿望。

(二)实践制作剪纸

结合剪纸的各种技法,进行剪纸、刻纸的应用。尝试不同的剪纸表现方法(剪、刻、染等),创作各式剪纸。

（三）创新应用剪纸

利用多种表现制作剪纸。由于有了前两部分的学习和练习，学生能够创作出属于自己风格的剪纸，应用于生活中，体现艺术来源于生活应用于生活。

四、课程实施

通过演示、示范、讲解，以及学生的模仿、探索和实践，让学生在学习中学会观察、描绘、折叠、剪刻、粘贴等技能技巧。剪刻内容由浅入深，由易到难，关注学生的生理和心理特点，注重课程的均衡性、连续性和整体性。本课程共有24学时。实施方法如下：

（一）理论实践结合法

学习不同的剪纸表现手法，如：折剪，连续纹样的折剪（花边），三、四、五角折剪，多种折剪纹样、吉祥字的剪刻，单独纹样的剪刻（动物、花、鸟等）；引导学生了解剪纸的相关知识，教给学生掌握一定的剪纸技法；认识一定的剪纸语言和表现手法；让学生进行剪纸（刻纸）的练习与临摹。

（二）作品展览法

开展多种多样的展览，如：利用学校的宣传栏、户外的展板、制作小礼物等，鼓励学生不断进步，不断提高。教师的表扬能在一定程度上帮助学生建立一种自信，而周围同学的赞扬与认可能在更大程度上给这个学生极大的自信，最终培养学生对剪刻纸这门艺术的积极情感。

通过剪纸活动，学生受到美的感染和熏陶，审美、观察、动手等综合能力得到增强。还可以锻炼学生的意志，发展学生的个性，使学生更多地体验成功的快乐，享受愉快的童年生活，培养热爱生活的情感。

五、课程评价

评价是剪纸教学的重要环节。教师可以将剪纸活动教学计划和目标的实现情况作为改进教学的依据，让学生及时了解自己的能力和水平,从而认识自我,促进学习。在这一阶段的评价中,我们对剪纸刻的线条、剪纸纹样的运用、画面构图的合理、学生的创意等根据不同的活动要求进行有侧重的评价。主要的评价方式有:评选性评价和积分性评价。

(一)评选性评价

每节课根据学生作品的完成情况,学生自评,同学互评,评选出"最佳作品奖",并登记在名册中。

要求:

1. 主题突出、符合题意、有创意,作品完整。
2. 布局合理、线条流畅、自然平整,毛刺少。
3. 能够运用点、线、面进行造型。
4. 富有装饰性,能够灵活运用基本纹样(剪纸语言)装饰作品。

(二)积分制评价

评价内容根据创作作品,结合平时作品成绩,获得10次以上"最佳作品奖"的将被评为本学期的"剪纸小达人"并发表扬信给予奖励。

(课程设计:黄芳)

课程智慧 3-10 木　工

适合对象:三至六年级学生

一、课程背景

木工课程是以学生的经验与生活为核心,以"做"与"探究"为主要内容的实践性课程,它涉及数学、化学、物理、生物等众多学科,体现对知识的综合运用。儿童木工能让孩子们在学习木工的同时,学会专注、耐心、学会与自然交流,能充分将美术、数学等知识融会贯通,体验到学习、创造的乐趣。

本课程的理念：让学生成为能工巧匠。让每一个学生在动手过程中都能培养自己独立思考、分析问题与解决问题的能力，脑和手得到协调发展，专注力与耐力、想象力与创造力在操作过程中得到增强，在自我创造中获得成就感和自信心。

二、课程目标

1. 探索工具的世界，能正确使用多种工具，掌握基本的造型、创意技能。

2. 能够用简单的工具、材料、所学基本技能来表现"我的世界"，完成木艺作品的制作，会用丙烯颜料或油漆绘制自己喜爱的图形作为装饰，美化作品。

3. 培养合作动手操作能力与创新能力，训练专注力和耐力，增强审美、观察、动手能力，体验成功的快乐。

三、课程内容

本课程采用理论与实践相结合的方式进行，教师通过演示、示范、讲解进行教学，学生通过模仿、探索和实践学会构思、绘图、切割、打磨等技能技巧。课程内容主要分为理论知识、制作实操、创新设计三大板块。每个板块内容安排如下：

（一）理论知识

让学生掌握木工的基本知识，认识和使用木工工具，了解木材的材质、成色、生长纹理、各向异性。在此基础上，制作出自己的木工作品。

（二）制作实操

结合木工课堂教授的方法进行尝试和应用，学生能自己独立构思、选择木材、测量和计算零部件的长宽、绘制设计草图、切割木材、锯形组合拼装、打磨制作各种小物品。

（三）创新设计

在前两部分的基础上鼓励学生用锯、刨、凿、雕等手段进行创意加工，创作出精美、别致的作品。

四、课程实施

木工课程将美术、数学等知识融合在一起，从前期的规划到一步步实践，循序渐进地学会使用各种工具，到不断发现问题和解决问题。根据内容的特点和学校的课程计划，本课程分为 24 学时，具体实施方法如下：

（一）课前准备

教师准备：多媒体课件，授课内容，材料，木工工具

学生准备：查阅资料，了解木制品的制作方法和程序

环境准备：分组布置，提供木工制作场地（学校五楼木工坊）和操作台

（二）理论实践，讲究方法

兴趣是最好的老师，木工的知识比较专业，因此老师在授课时需注意知识的讲解要由浅入深，由易到难，符合学生的认知特点。教师在讲解时要多运用示范和直观演示的方法，还可以运用图片视频等丰富的方式呈现教学内容。多说不如一做，实践课程重在动手操作，老师在教给孩子方法之后，应让孩子多动手，多给孩子操作时间，教师在这个过程中进行点拨、指导。

（三）小组合作，发展兴趣

俗话说"三个臭裨将，顶个诸葛亮"，木工课堂运用小组合作方式，让学生在制作过程中学会互相帮助、互相合作、互相学习，实现学习群体智慧的互动互补，增强合作精神。在工具和资源有限的情况下，小组合作方式能让学生人人参与实践的全过程，从而获取更多操作和表现的机会，提高制作的积极性，发展兴趣。

（四）评价展示，收获自信

从小学生的认知规律来看，其身心发展还没有定型，有喜欢被表扬的心态。学习某一知识，总希望看到自己的成绩，特别是能得到教师的表扬鼓励或同学的认同，这将帮助他们树立自信心，让他们感到自豪和骄傲。所以每一个学生完成的作品都值得鼓励，作品展示本身就是对学生最好的评价。

五、课程评价

评价的目的是全面了解学生在木工制作方面的学习情况，综合考察学生的动手能力、思维能力、想象力，以及创造力，激发学生的学习热情，促进学生的全面发展，也是教师反思和改进教学的有力手段。因此，本课程以学生为主体，注重过程性评价；坚持激励性评价；关注个性特色评价。主要从以下两方面进行：

（一）课堂性评价（60%）

根据学生的课堂表现情况，即能力和付出做出评价，考核评分细则如下：

1. 积极主动参与木工制作活动，喜欢制作（20分）；
2. 善于合作，乐意与同伴交流互助（20分）；
3. 制作过程中专注、耐心（20分）。

（二）作品性评价（40%）

学生根据课堂学习内容，上交一件木工作品作为考核。评分细则如下：

1. 拼接粘合结实，作品完整（5分）；
2. 打磨光滑，线条流畅（10分）；
3. 富有装饰性，能够灵活运用木材纹样（15分）；
4. 构思有创意（10分）。

（课程设计：李梅兰）

课程智慧 3-11 烹 饪

适合对象：五年级学生

一、课程背景

随着生活水平的日益提高，日常生活中的饮食需求，已由以往简单的吃饱转变成享受健康美食。先贤孟子说："口之于味也，有同嗜焉；耳之于声也，有同听焉；目之于色也，有同美焉。"烹饪课程是以儿童和家庭的日常生活为学科切入点，通过中外饮食文化、历史的学习，以"培养学生应用能力、创造能力、生存能力，进而改善终身生活质量"为宗旨的一门融合人文、社会和自然科学的交叉学科。

本课程的理念：不时不食，活色生香。中国饮食文化博大精深，"不时不食"是精髓所在。不时不食是自然之道，也是养生之道，万事万物生生息息往复循环都有自己的规律，食物当然也有自己的时节。"春吃芽、夏吃瓜、秋吃果、冬吃根"，合时节的菜味道最好，营养价值最高。四时之味不同而乐亦不同，通过烹饪，教会孩子们把握好的时机。

二、课程目标

1. 了解中外饮食文化差异，体味中华饮食的博大精深。

2. 了解营养卫生与人体健康及烹饪之间的关系，平衡膳食及营养的合理搭配等方面的基本知识。

3. 掌握基本的饮食卫生常识、养成良好的饮食卫生习惯，追求科学的饮食方式，在学习烹饪的过程中感到无穷乐趣。

三、课程内容

本课程内容既涉及烹饪技艺的学习，又涉及饮食文化的探讨，以引导学生体验"生活世界"与"科学世界"的和谐统一为主题，培养学生潜在的自主性、探究性和创造性。课程内容分为三部分，分别是：家常菜、面点和甜品。

（一）家常菜

家常菜是家庭日常制作食用的菜肴，本课程将教授醋熘土豆丝、煎酿茄子、芋头焖鹅、可乐鸡翅等家常菜的烹制方法。

（二）面点

本课程中将教授千层饼、叉烧包、土豆饼、饺子、春卷等面点的制作。

（三）甜品

本课程中将教授糯米糍、钵仔糕、绿豆海带糖水、莲子百合雪耳糖水、椰汁木瓜西米露等甜品的制作。

四、课程实施

本课程按照荔园小学校本课程计划来设置课时，每个学期12课时，共24学时。在烹饪课程的实施过程中，教师要把示范讲练、实践指导、小组竞赛等作为基本的方式，让学生从各种不同的机会中认识、喜欢、理解，以及掌握基本的烹饪方法。具体实施方法如下：

（一）课前准备

教师准备：食材、调味料、厨具和餐具

学生准备：厨师帽、围裙、口罩

（二）示范讲练法

由于学生在家比较少干家务，不懂如何洗菜、切菜，因此老师在教学中采用示范讲练法。例如：在学习使用刀具时先示范，并让学生注意观察老师左右手的姿势，左手按住食物，右手握刀，用力往下切。然后让学生自己动手操作，老师在旁边进行指导。

（三）实践指导法

在学习制作点心时，老师手把手地教会学生掌握和面、发面、醒面等技能。在和面的过程中，少量多次加水，会使和成的面团有弹性。当面已涨发时，要掌握好发酵的程度。如见面团中已呈蜂窝状，有许多小孔，说明已经发酵好。发好的面团使用前要再揉一次，然后要搁置15—20分钟，叫做醒面。

（四）小组竞赛法

为了激发学生们学习烹饪的热情和兴趣，同时也为提高学生的烹饪水平提供良好的实践舞台。老师把烹饪班的同学分成几个小组，让他们自由确定菜谱，在规定的时间内烹制食物，完成后请老师和同学品尝并评价，得分高的小组为优胜组。

五、课程评价

烹饪课是校本课程开发的特色课程，以培养学生的动手操作能力和生活能力为主，因而老师应以鼓励和赞许的态度为主，应更多地给予学生肯定和赞美，培养兴趣和成就感。

本课程在评价方式上，要求做到积分制评价、满意度评价与星级制评价相结合。主要从以下几个方面进行：

（一）作品性评价

根据课内老师与学生作品的满意度进行评价，营养搭配合理，色、香、味俱全的作品为很满意；营养搭配合理，色、香、味有点欠缺的作品为满意。

（二）星级制评价

熟悉本学期所学菜式的做法，能做出可口的美食，还能自己进行创新的可评为五星级大厨；基本能做出本学期所学的每一道家常菜，但有所欠缺的为三星级大厨。

附评价标准：满分为100分，食材搭配合理占40分，美味可口占40分，创新20分；85分以上为五星级大厨，70分—84分为三星级大厨。

（课程设计：陈娟、肖少诤）

第四章 小健将课程

苏霍姆林斯基说过:"我们力求使学生深信,由于经常的体育锻炼,不仅能发展身体美的和谐,而且能形成人的性格,锻炼意志力。"小健将课程把以体育德,以体益智,以体强志,以体养性作为课程理念,结合体育学科特点、学生的年龄特点、学生生长发育、掌握动作技能的特点和体育教师的特长开设各种各样的课程,在一定程度上满足了不同学生对各类体育项目的需求,能充分激发学生的学习动机。最终通过"小健将"课程的实施,让学生更加乐意走到操场上,走到阳光下参与体育活动,从而不断增强体质、意志,增进健康,为今后的学习生活打下坚实的身体基础。

现如今，我国的体育课程内容结构的设置仍然不够科学，还未形成能够适应当今时代素质教育所要求的系统的体育课程。我国是一个传统的体育竞技大国，由于受到竞技体育运动的影响，传统的体育课程大都以竞技运动项目为首选内容，而且体育课程内容过于单调和死板，体育课程内容结构的设置偏重学科的逻辑性，过分强调运动技能的系统性和完整性，其技术要求高，动作难度大，场地器材要求高，在有限的课时内学生难以掌握，课余和校外不易开展锻炼等，这些因素造成了学生对体育课的学习内容不感兴趣。因此，荔园小学课程开发团队根据多年的教学实践，开发出一系列贴近学生生活实际，更有利于学生身心健康发展的校本化体育课程——"小健将"课程。

"小健将"课程的开设在一定程度上满足了不同学生对各类体育项目的需求，通过开设各种各样的课程，充分激发学生的学习兴趣，学生在体育课中能够最大限度地认识到体育课对心理和生理发展方面的重要作用和价值，使学生的学习目标更加清晰明了，对培养学生的终身体育意识有着不可替代的价值和作用。

"小健将"课程的理念是：以体育德，以体益智，以体强志，以体养性。在课程的实施过程中，我们要会利用各种方法来促进学生的德育发展，例如要求学生遵守游戏或比赛的规则，观赛或参赛的礼仪。教师在上课时要善于去引导学生开动脑筋、积极思考，通过创设的各种问题和场景让学生自己去探索求证，提升学生思考能力，通过课堂练习、比赛等途径来锻炼学生的意志力、磨炼他们的品性。

在课程内容架构上，"小健将"课程主要内容是体育、健康知识与技能，具体包括体育与健康基本知识、球类、武术、技巧类、体育舞蹈、棋类六大板块，共8门混龄制选修课程。在内容安排上，结合体育学科特点、学生的年龄特点、学生生长发育情况、掌握动作技能的特点和体育教师的特长，在低年龄段设置易于提升学生体育兴趣且易于实施的棋类、街舞、武术基础等课程，在中年级段设置运动技能较强、以基础体力活动为主的击剑和足球等课程;在高年级段设置学生喜爱的、技巧性强、提高团队精神的足球、篮球等课程。

在课程实施上,经过多年的实践探究与总结,我们从以下策略入手:一是充分发挥教师特长,合理借助社会力量。课程实施以学生所选择的体育学习内容组织基本教学班。其益处主要体现在可以发挥每个体育老师的专长,使资源得到最合理化的利用,随着教学的深入,对老师进一步提升自身的业务水平也有较大的促进;但是学校的师资力量并不能支撑如此庞大的课程体系,因此我们还合理地借助了社会力量,与社会上的体育俱乐部进行合作,聘请其优秀师资作为课程的兼职教师。二是从兴趣入手,提升学生的课堂参与度。俗话说"兴趣是最好的老师",学生的学习兴趣直接影响到学生的学习行为和效果。所以在实施过程中我们非常注重对学生兴趣的培养,在教学中,通过新颖、多样、有效的教学方法来激发学生对体育的兴趣。在学生充分明确自己学习目的的基础上,调动他们学习的积极性,也可以多利用游戏手段,这样会使学生始终处于一种"角色情境"中,创设一种宽松、活泼、和谐的教学氛围,充分发挥学生的主动性、积极性,提高教学质量。三是优化教学内容,提高课堂效率。在教学实践过程中,我们不断对教学内容进行优化,学生兴趣度高的部分我们继续保留,学生兴趣度较低的内容加以改进,并且不断改善教学方法与组织形式,保持学生对教学内容的兴趣,提高课堂的教学效率。

在课程实施的成效上,主要体现在以下两个方面:一是由于体育课程校本化实施,更加符合学生的体育需求,因此,学生的学习兴趣大大提高。通过对荔园小学100名学生的调查表明,与课程改革之前相比,学生对现在体育课、课外体育活动的兴趣有了很大提高,尤其是参加体育锻炼的次数明显增加。据近三年荔园小学学生体质检测数据显示,学生体质健康水平持续三年提升,学生的体质明显增强,肥胖率和近视率均呈下降趋势,学生精力更加充沛,参加体育锻炼的积极性、自觉性增强。二是体育教师通过对课程内容的选择、改编和创新性实施等一系列课程活动,不仅提高了体育教师自身对自己和教育的理解,还改善了知识结构;不仅提升了体育教师的课程意识、体育教学及科研能力,并能够超越课堂的局限去思考问题和行动。

毛泽东曾经说过:"体育之效,在于强筋骨,增知识,调感情,强意志。"因此我们坚信,通过"小健将"课程的实施,能够培养学生广泛的体育兴趣,让学生更加乐意走到操场上,走到阳光下参与体育活动,从而不断增强体质、意志,增进健康,为今后的学习生活打下坚实的身体基础。

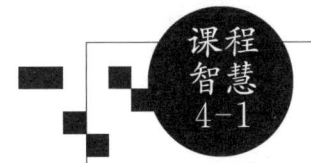

课程智慧 4-1　快乐独轮车

适合年级:五、六年级学生

一、课程背景

独轮车运动具有较大的趣味性,迎合了广大少年儿童好猎奇、喜征服的心理特点,更容易吸引他们。独轮车技术简单易学,看似惊险,其实学习起来难度并不很大,凡年龄在 7 岁以上的学生都可以练习骑独轮车,只需选择不同的车型即可。一般花费 5~6 学时就可以学会骑行。而且独轮车项目对场地要求不高,目前我国城市学校普遍存在体育场地较小的问题,一些大型的体育运动项目难以开展。而独轮车项目需要的场地很小,一般几十平方米的平整场地即可开展活动。

本课程的理念是:挑战极限,突破自我。独轮车运动是一个非常具有挑战性的项目,它对练习者身体的平衡能力、协调能力要求比较高,而且在过程中要求练习者不断地去尝试、去挑战、去克服心理恐惧,突破自我,在不断的跌倒中掌握平衡与技巧,从而掌握骑独轮车的技能、技巧。

二、课程目标

1. 通过本课程的学习,掌握骑独轮车的技巧,提高注意力和反应速度,增强身体灵活性,提高身体素质,开发智力。

2. 在学骑独轮车的过程中,体验成功的乐趣,增强自信心,养成团结友爱、互相帮助、积极进取的优良品质。

三、课程内容

"快乐独轮车"课程内容共分为三个板块,分别为:独轮车基本功、独轮车组合动作、独轮车表演。每个板块内容如下:

(一) 独轮车基本功

独轮车基本功练习内容主要是针对初学者,主要包括:上车、下车、原地摇车、骑车扶栏杆前进、借助同伴的辅助骑车前进、独立骑车前进、两人牵手前进。

(二) 独轮车组合动作

技巧练习主要是针对有一定基础的学生,包括:绕 S 型前进、简单双人和多人配合动作、骑车绕圈、骑车拍篮球。

(三) 独轮车表演

独轮车表演主要是针对基本功比较扎实的队员,教师提供一段音乐,学生自由分组,2—6人不等,每个小组自由编排一段节目,这样既能充分发挥学生的自主性和创造性,又可以激发学生学习的兴趣。

四、课程实施

本课程按照荔园小学校本课程计划来设置课时,共 24 学时,学生不受年龄、性别限制,每个学年初,凡是符合条件的学生都可以在规定时间内在学校选修课网站上进行报名,名额为 25 人。上课场地设置在学校跑道,课前教师仔细检查上课场地的设施设备和上课所需的独轮车,排除安全隐患。具体实施方法如下:

(一) 视频鉴赏,兴趣点拨

在课程的第一节课,先组织学生到课室里观看独轮车的表演及比赛视频,让学生了解独轮车这个项目的技术特点与玩法,激发学生的学习兴趣。

(二)合理教学,提高效率

本课程采用多种教学方法相结合的原则,例如:在学习新授内容时运用讲解示范法;学生掌握一定技术后采用分组练习法;在学生有一定技术基础后采用比赛法来提高学生的兴趣等。在技术练习时采用分组练习的方法,有技术基础的队员在队长的带领下到指定地点进行难度有挑战性的内容练习,例如倒退骑车、两人拉手转圈等;零基础的队员在教师的指导和同伴的协助下进行基本功练习。

(三)严格管理,保障安全

由于独轮车这个项目具有一定的危险性,所以教师在上课过程中一定要严格要求学生按照老师的要求来使用器材练习,不能出现打闹、故意给别人添乱,或者不规范使用车辆来练习等行为,以免发生安全事故。

五、课程评价

学生在本课程的学习时由于接受能力和身体素质方面有差异,所以在评价时要关注学生的差异性,设计针对不同水平学生的评价体系,评价内容由积分制评价、技能大比拼两个方面组成。具体操作如下:

(一)积分制评价

积分制评价的主要方法如下:将本课程的教学内容分为10项学习任务,学生每完成一项学习任务就可以获得3个积分,最终完成所有学习任务的学生可获得30个积分。

(二)技能大比拼

技能大比拼共设置三个项目,分别为竞速、技巧和节目表演,分别评出"速度之王""技巧能手"和"最受欢迎团队"三个奖项。每个项目操作如下:

速度之王:比赛距离为30米,参赛队员按抽签分组进行比赛,每组速度最快者进入下一轮,在决赛中胜出者为最后胜利者,获得"速度之王"称号。

技巧能手：比赛距离为50米，中途需要完成绕S型、转圈、穿衣服三项内容，参赛队员按抽签分组进行比赛，所有人完成比赛后，用时最少者获胜，获得"技巧能手"称号。

最受欢迎团队：参赛队员自由分组，在规定时间内运用学过的技能进行节目排练及表演，观众参与投票，最后得票最高的队伍获得"最受欢迎团队"称号。

（课程设计：凌国松）

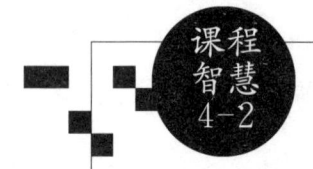

课程智慧 4-2　少儿街舞

适合对象：一至六年级

一、课程背景

少儿街舞是将街舞的动作，根据少儿的特点重新编排教学。其音乐活泼欢快，动作帅气动感，简单易学，深受孩子们的喜欢。

街舞不但可以让孩子们保持思想与身体的敏捷，改变不爱动、不爱说话、孤癖胆怯的状态，而且可以培养小孩自信、乐观、坚毅的性格。在学习中不仅可以让孩子们拥有一技之长，更有机会使之成为舞蹈明星甚至成为全面发展的小童星。

本课程的理念是：快学习，乐设计。当学生还能够"手之舞之，足之蹈之"的时候，内心情感的抒发，肢体动作的律动，性格气质的表露，可谓进入了最畅快、最具审美意味的境界。让学生学习街舞，不仅有利于身体健康，更可以在一举手一投足中培养文雅的气质，而且有益于学生自身素质的提高。

二、课程目标

1. 了解街舞的表现风格，对街舞有一个感性认识，能在众人面前自由地、愉快地表演。
2. 在学习过程中敢于表现，学会与他人互帮互助。

三、课程内容

"少儿街舞"课程内容共分为四个模块，分别为：街舞的介绍、街舞的基本功训练、街舞的表演排练、街舞展示。孩子们在动作、音乐、娱乐中增强了模拟能力，加深了对外界事物的理解。同时，通过调动人体动作、表情、姿态、内心情感体验等多种心理和生理机能，为孩子们构筑了富有童心的审美欣赏与审美创造空间。故设置了以下模块的内容。每个模块内容如下：

（一）街舞的介绍

主要内容是街舞的概念、发展历史，以及相关的人物介绍及视频推介，增进学生对街舞的认识。

（二）街舞的基本功训练

主要内容是街舞基本功和身体开发训练，增强学生肢体灵活度，力度控制，培养对街舞的兴趣爱好。

（三）街舞的表演训练

内容包括传授学生街舞表演中应具备的模仿力、想象力、自主创造能力等，通过排演了解如何通过舞蹈表达个人情绪，从而锻炼舞台表现力。

（四）街舞展示

主要内容是利用学校或各种活动的舞台，让孩子参与街舞的练习、编排、表演等每一个环节，最后完成一支属于孩子们自己的街舞，呈现给自己的家人和观众。

四、课程实施

本课程实施之前应该有所准备：选好每学期的街舞学习曲目，根据内容有针对性地训练学生的基本功和情感的表达。本学期课程主要学习偶像练习生主题曲舞蹈"EI EI"，共 24 课时。实施路径与方法如下：

（一）观摩与鉴赏

观摩偶像练习生综艺节目，通过节目激发学生对学习"EI EI"舞蹈的兴趣。

（二）模仿与练习

加强舞蹈基本功的训练，通过模仿老师的动作，练习舞蹈基本功；通过一对一纠正、示范，帮助学生提高身体各个方面的协调性，更好地表现舞蹈。

（三）展示与拍摄

学生分组练习"EI EI"舞蹈，学期末展示并拍摄视频。在本课程实施过程中要注意以下两点：一是学生实践体验与教师引导性指导结合。教学活动中，教师的主要任务是给予指导和帮助，教师的作用贯穿于整个活动过程。如：学生实践前的示范，实践过程中的点拨与启发，实践后的拓展与延伸。学生在活动中应被赋予较大的自主权，最大限度地发挥自己的主观能动性。二是科学性与趣味性相结合。在教学活动实施过程中，要针对学生年龄及心理特点，以形象、具体、生动、活泼的形式开展活动，努力设计富有趣味性的教学方式，让学生学有所得、学有所乐，使他们在愉快的氛围中增长知识与才干。

五、课程评价

本课程采用多种评价方法相结合的方式，从多个方面对学生就本课程的学习情况进行评价，注重学生在学习过程和成长方面的评价，评价内容由以下几方面组成：动作的姿态、节奏和表情；掌握一定的街舞基础知识，一些基本步伐、基本动作；动作的协调性、节奏感。具体做法如下：

（一）积分制评价

本课程共有 5 个学习任务，学生每完成一个阶段的学习任务即可获得 1 个积分，学生必须获得上一个学习任务的积分才可以进行下一阶段任务的考核。课程结束后，获得全部积分的学生可以获得学校颁发的优秀学员证书。

（二）评选性评价

教师提前给每一名学生一段音乐，学生根据音乐特点自行编排一段即兴舞蹈，教师根据学生的即兴表演进行评分，具体的评分要求为：

街舞整体编排具有合理性、连贯性、完整性；对街舞音乐的理解准确，舞蹈动作与音乐旋律吻合，有节奏感；表演过程中动作流畅协调，表现力和技巧性强；表演者精神饱满、台风端正，现场反应热烈，如遇突发情况处理得当；服装造型符合街舞表演风格。

最终根据学生得分排名，获得前 8 名的队员可获得奖状一张，最高分的队员可获得"舞王"称号。

（课程设计：李健梅）

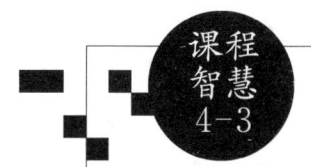

课程智慧 4-3　小剑客

授课对象：三、四年级学生

一、课程背景

击剑（Fencing）是从古代剑术决斗中发展起来的一项体育项目，它结合优雅的动作和灵活的战术，要求运动员精神的高度集中和身体的良好协调性，体现出运动员良好的动作和敏捷的反应。现代的击剑项目引入了完善的保护衣具，并采用钝的剑尖，已经大大消除了这项运动的危险性,也极大地促进了这项运动在全世界范围内的传播。

学校首层架空层为击剑项目配备专业的训练剑道,同时也是黄埔区业余体校击剑项目的训练基地,有专业的击剑教练,能够保障击剑课程高质量、高品质地开展。

本课程的理念是:培养贵族气质,提升运动修养。击剑是源于欧洲绅士的一种运动,十分注重礼仪,能够培养孩子尊重对手、尊重他人的文明素养。另外,当训练者穿上白色的击剑服,戴上黑色的头盔,潇洒地手持长剑傲然而立的时候,一种自信的气质油然而生。因此,击剑不仅是一种锻炼体能和防身技能的体育项目,同时还可以使孩子从内在气质上发生改变,使得孩子的姿态更优雅,气质更高贵。

二、课程目标

1. 通过击剑校本课程的学习,能了解击剑运动的起源与发展,掌握击剑的基本技术与比赛规则,并且能在实战中应用;

2. 在轻松愉快的学习氛围中体验运动乐趣,形成坚持体育锻炼的良好习惯;增强团队合作意识,发扬体育拼搏精神,形成积极进取、吃苦耐劳的生活态度。

三、课程内容

本课程选取击剑运动三大剑种中的佩剑为教学内容,共分为三大模块,分别为:击剑运动基本知识、佩剑的基本技术练习、模拟比赛。每个模块的内容安排如下:

(一)击剑运动基本知识

模块一的学习主要是为了让学生了解一些击剑运动的基本知识,包括:击剑运动的起源与发展、基本比赛规则与裁判法及击剑运动的特点特征。

(二)佩剑的基本技术练习

模块二主要是学习佩剑的基本技术,主要内容包括:剑的握法、身体的基本姿势、进攻与防守的步法、进攻与防守技术。

（三）模拟比赛

在学生掌握一定的技术基础后，在课堂中穿插一些模拟比赛，以提高学生技术应用能力，以及对比赛规则的理解，激发学生的学习兴趣，同时发现自身存在的不足，在今后的训练中加倍努力。

四、课程实施

本课程按照荔园小学校本课程计划来设置，共24课时，采用小组活动、跨班级活动的教学方式，上课地点在校内击剑练习场。课前教师需要检查上课所用的剑、护具等器械的安全性，确保学生使用时的安全。具体实施方法如下：

（一）学生课前自主学习

在正式上课前，教师给每名学生发一张课前学习指南，让学生以小组为单位进行预习，在网上或书籍中查找关于击剑运动的知识，制作一份小组学习成果汇报单。

（二）小组汇报及视频学习

上第一节课时，教师把学生集中到一间教室，由各个小组依次汇报本小组的预习成果，然后放一段关于击剑运动的起源与发展的视频让学生进行观看，最后采用提问方式检验学生的学习效果。

（三）技术教学

技术教学采用集体练习和分组练习两种方法，在教授新知识、新内容时将学生集中到一起进行学习，学生掌握到一定程度后采用分组练习，基础好的学生分到一组进行难度较大的练习，基础薄弱的学生分在一组，进行基础技术的巩固与提高练习。

五、课程评价

"小剑客"课程的评价采用闯关式评价、比赛性评价两种方式相结

合的原则,评价内容包技术掌握与技术运用,评价指标以集印章数量来进行衡量。具体操作如下:

(一) 闯关式评价

闯关式评价共设计了三关,第一关为快速穿好规范的比赛服装和护具,完成第一关后进入第二关,手持比赛用剑运用进攻动作刺破三个粘在墙上的气球,最后一关为躲避球,成功三次躲避老师扔出的海绵球即为成功。本项评价内容采用计时方式来进行最终排名,用时最短的前八名可获得 5 个印章,其余学生可获得 3 个印章。

(二) 比赛性评价

比赛性评价是针对学生在一学期学习中对技能技术掌握情况的评价,采用比赛形式进行,教师根据学生在比赛中攻防技术的应用及表现进行打分,满分为 5 个印章。

"小剑客"评选:在进行期末考核比赛时,学生进行抽签分组循环赛,小组赛前两名出线,再进行单场淘汰赛,获得比赛前 8 名的队员即可获得"小剑客"称号。

(课程设计:梁翠玲)

课程智慧 4-4　乒乓球

适合对象:五、六年级学生

一、课程背景

乒乓球运动是我国广泛开展的一项球类运动,被誉为"国球"。乒乓球运动量可大可小,不同年龄、不同性别和不同身体条件的人都可以参加活动。乒乓球运动,不仅可以发展学生的灵活性和协调性,提高动作的速度和上下肢活动的能力，改善心血管系统的机能，增强体质，也有助于培养学生的勇敢顽强、机智果断、沉着冷静等优良品质。乒乓球运动可为同学未来工作增强交际能力，为今后的工作打下良好的基础。乒乓球课是我校多年传统的选修课，上课地点在一楼架空层，拥有标准的球台，不受风雨条件的限制。

本课程的理念是：保护视力，快乐前行。乒乓球既是一项竞技活动，也是一项人们喜闻乐见的全民健身活动项目。它是一项集力量、速度、柔韧、灵敏和耐力素质为一体的球类活动，也是非常适合少年儿童的体育活动。乒乓球运动能开发人体大脑智力，提高思维能力，促进智力发展，提高手眼协调能力，也能保护视力。乒乓球运动也是一种很好的"情绪体操"，可使孩子在单位时间内吸入更多的氧，大脑释放出更多的"快乐因子"。经常打乒乓球的孩子心理必将更有韧性，百折不挠。

二、课程目标

1. 通过本课程的学习，了解一些关于乒乓球的知识，掌握一些基本运动技能和方法，认识乒乓球在锻炼身体上的高价值，为以后学习打下良好的基础，形成终身体育的意识。

2. 形成多动脑、多动手的习惯，提高灵敏性、协调性，逐渐养成准确快速的判断与果敢的意志品质。

三、课程内容

本课程由学习乒乓球运动基本理论、技术战术、身体素质部分等构成。具体分为以下三部分：

（一）基本理论

理论知识部分包括乒乓球运动概述及乒乓球运动简史、乒乓球运动技术特点及身体锻炼价值、乒乓球简单裁判法。

（二）技术战术

基本技术部分教学内容主要以乒乓球运动的基本技术为主,包括乒乓球站位姿势、握拍法、步法、正(反)手发平击球、接平击球技术、正(反)手击球。

（三）身体素质部分

身体素质内容方面分为一般身体素质和专项身体素质两部分,一般身体素质包括手部力量、腿部力量及耐力,专项身体素质包括步伐移动、折返跑、身体灵敏性。

四、课程实施

本课程共24课时。采用小组活动、跨班级活动的形式。结合我校实际情况,乒乓球校本课程每个学年由学生自由选报,学校固定每周五下午2点—3点为上课时间,活动地点在一楼架空层乒乓球场。课前教师需要通知学生准备好上课所用的乒乓球拍,检查球桌是否能正常使用等。具体实施方法如下:

（一）兴趣引领

在课程报名结束后,给学生布置作业,自己先去搜集关于乒乓球运动的资料,要求家长陪同孩子一起观看至少一场乒乓球比赛视频。开课第一节课,请学生将搜集的乒乓球资料,以及小知识向全班同学展示交流,并借此讲授乒乓球的相关知识,及乒乓球运动为何当之无愧地被称之为中国的"国球"。

（二）教学组织

在教学过程中教师要注意精讲多练,集体练习与分散练习相结合。集中练习主要是通过讲解、示范基本技术的动作过程、动作要点和重点环节。分散练习时教师要加强个别指导,还应根据学生掌握技术水平的程度,采用不同的方法给予辅导。对基础较好和掌握技术动作较快的学生要及时提出更高的要求,激发他们学习的欲望。对掌握动作较慢、基础较差的学生不要急于求成,可以为他们制定适宜的学习目标，并要求他们能完成基本的教学任务。

教师在教学中应注意强调技术动作的规范性和准确性，可以采用模仿练习、多球练习、对练等方法，使学生在有限的时间内，尽可能多地体会和感悟技术动作。

五、课程评价

本课程采用游园式评价和比赛性评价两种方式进行评价，利用游戏化的评价方式让学生能够在一个轻松愉快的氛围中完成考核评价。具体评价方法操作如下：

（一）游园式评价

游园式评价共设置了球拍颠球、规定区域发球、发球机大挑战、球拍托球绕障碍四个项目。学生持挑战卡进行参赛，每按照规则完成一个项目的挑战即可获得印章一枚，每个项目均有两次机会，最后成功完成所有项目的队员可获得"优秀学员"称号。

（二）比赛性评价

比赛性评价以团体赛方式进行，比赛前，教师根据学生水平，将学生分成水平相当的若干组，每组3人，参赛队长抽签决定比赛对手，采取三局两胜制，先获胜两场者为胜出方，所有场次比赛都必须打满三局。每名队员每胜一场即可获得1个积分，最终获胜率最高的队员可以获得"最有价值球员"称号，最后得胜的队伍获得"团体冠军"称号。

（课程设计：罗彩虹）

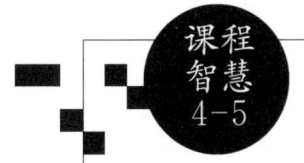

课程智慧 4-5

篮 球

适合对象：三、四年级学生

一、课程背景

篮球作为一项很好的运动项目,受到孩子们的热捧。篮球运动涵盖了跑、跳、投等多种身体运动形式,且运动强度较大,因此,它能全面、有效、综合地促进身体素质和人体机能的全面发展,为孩子的一切活动打下坚实的身体基础。

篮球作为集体项目体育运动的杰出代表,在增加交流和友谊的同时,更能有效地培养孩子的心理素质,并且通过篮球的磨练,孩子对其他事物的接受力和适应能力会变得更强。

本课程的理念是:小篮球,大舞台。孩子们从对篮球运动的兴趣和爱好出发,科学系统地学习篮球运动技能;同时培养团结合作、顽强拼搏的意志品质和良好的心理素质,多一个学习、合作、交流、沟通的人生舞台。我们希望,每一个孩子通过练习和比赛,能使自己的个性、自信心、情绪控制、意志力、进取心、自我控制与约束等方面都有良好的发展,同时培养学生团结拼搏、努力协作、文明自律、遵纪守法、尊重他人等良好的道德品质和集体主义精神。

二、课程目标

1. 通过本课程的学习,让学生了解和掌握篮球运动的基本技术动作,提高各种技术在实际情况中的应用能力。

2. 在学习过程中学会与他人沟通与合作,提高团队协作能力,能积极地面对失败与成功,做到"胜不骄,败不馁"。

三、课程内容

本课程的内容共分为篮球基本知识与比赛规则,基本技术技能、战术演练与模拟比赛三个板块。每个板块内容安排如下:

（一）篮球基本知识与比赛规则

板块一主要是介绍篮球运动的起源与发展、重大国际赛事与世界五大联赛、篮球场地尺寸、区域名称，以及简单的比赛规则。

（二）基本技术技能

基本技术技能主要包括运球、传接球、投篮和防守四大部分，其中运球包括原地左右手运球、行进间运球、变向运球，传接球包括原地双手向前传接球和行进间双手胸前传接球，投篮包括原地单手肩上投篮与三步上篮，防守包括基本防守姿势、直线滑步、侧滑步。

（三）战术演练与模拟比赛

战术演练主要以简单易懂的战术为主，内容包括：底线与边线球战术、二过一配合、挡拆配合与传切配合；模拟比赛包括半场三打三和全场五打五。

四、课程实施

本课程共 24 课时。采用小组活动、跨班级活动。活动地点在校内篮球场。课前老师需要检查上课所用的篮球是否能够正常使用，上课场地器材是否安全等。具体实施方法如下：

（一）视频鉴赏与技术点拨

在开课的第一节课，把学生集中到一个教室，播放一些 NBA 的全明星赛视频给学生观看，以激发学生的学习兴趣与热情；然后再播放一些技术教学的视频，让学生先初步了解各项技术的教学与练习方法，为今后的教学打下基础。

（二）内容与课时安排

本课程的内容共分为五个单元进行教学，第一单元内容为篮球基本知识与比赛规则，共 2 课时；第二单元内容为运球，共 6 课时；第三单元内容有原地单手肩上投篮，共 3 课时，以及传接球，共 5 课时；第四单元内容为防守，共 4 课时；第五单元内容为战术演练及教学比赛，共 4 课时。

（三）技术教学与身体素质练习

技术练习时确保一人一球,教学上主要以集体法为主,搭配分组练习法、游戏教学法、比赛教学法,提高练习密度与教学效果,保持学生的学习兴趣与热情；每节课都要安排球性练习与身体素质练习,锻炼学生的球感与身体协调能力、爆发力与耐力。

五、课程评价

本课程采用点赞式评价方法进行评价,评价主要从以下三方面进行:一是技术技能掌握情况,二是实战中技术运用情况,三是个人奖项评选。具体操作如下：

（一）技能考核评价

技能考核内容为直线行进间运球、双手胸前传接球、单手肩上投篮、防守步法4个项目,教师根据学生在考核项目中的表现再结合学生的实际情况进行点赞,每个项目满分为3个"赞"。

（二）实战中技术运用评价

实战中技术运用的考核采用比赛方式进行,在课程的最后一节课组织一场教学比赛,教师根据学生在比赛中的表现进行打分,满分为3个"赞"。

（三）个人奖项评选

篮球之星：在学期结束时,所有考核项目集赞数量前5名者可获得"篮球之星"称号。

优秀学员：在课程学习中表现良好,能积极自觉地投入到学习与训练中,且在各考核项目均达标者则有资格参选,共评选5名。

进步最快学员：在本课程学习中,各方面表现进步明显者则有资格参加评选,共评选3名。

（课程设计：何敏珊、夏卫红）

课程智慧 4-6

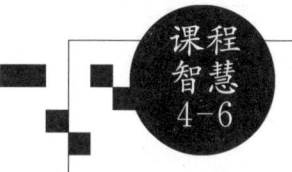

足球小健将

适合年级：五、六年级学生

一、课程背景

足球运动是世界上开展最为广泛，影响最大的体育运动项目之一。同时足球运动又以设备简单、规则简明、对抗激烈、观赏性强而深受青少年的喜爱。足球是每一名学生都喜爱的运动项目。校本课程开发成为课程改革中的研究热点。"足球小健将"课程的开发正是顺应了这一改革潮流，也丰富了我校的体育工作内容，使之更贴近于学生。

足球运动的最大特点是对抗性强，运动员在比赛中往往要采用各种符合规则的奔跑、转身、倒地、跳跃、冲撞等动作，在活动中与对手展开激烈的争夺。足球运动又是一项集体项目，要求每个运动员做到齐心协力，密切配合，充分发挥集体力量以战胜对方。足球运动具有丰富的文化内涵，是表现人们的行为举止、思想情感、民族风格的身体文化运动。学生们参加足球运动后，可以锻炼学生身体，增强学生体质，丰富同学们业余文化生活，增进同学之间友谊，能培养学生们团结协作的集体主义精神和严格的组织纪律性。为终身体育锻炼打下良好的基础。

本课程的理念是：以球会友、结伴前行。足球是一项个人能力与团队合作精神相互结合的运动，在学习过程中，教师需要引导学生学会去与队友沟通、结伴进行练习，与队友共同学习，共同进步。

二、课程目标

1. 通过课程学习，了解足球运动的一些小知识，掌握一些足球运动的基本技术技能。

2. 在集体活动中体验群体活动的乐趣，与同伴友好交往和合作，增强集体意识与观念，养成服从集体、听从指挥、遵守纪律的良好习惯。

三、课程内容

本课程的内容共分为三大板块，分别是足球基本知识、足球个人基本技术、足球基本战术与模拟比赛。每个板块的内容如下：

（一）足球基本知识

足球基本知识板块的学习内容包括足球起源与发展、现代足球的特点、足球比赛与观赛礼仪、足球文化。

（二）足球个人基本技术

足球个人基本技术学习主要由球性练习（颠球、拨拉、绕环等）、传接球（脚内侧踢、接地滚球、脚内侧停球）、运球（脚背外侧运球、运球绕障碍物）、射门（脚背内侧射门、脚内侧射门）、个人防守技术（基本动作、选位、移动）五个部分组成。

（三）足球基本战术与模拟比赛

足球的基本战术主要以学习一些简单易懂的战术为主，内容包括进攻时的发边线球战术、发角球战术、局部"二过一"，防守时的局部"二抢一"；模拟比赛以现场3对3和五人制场地5对5为主。

四、课程实施

本课程根据荔园小学校本课程设置的要求，每学年共24学时，人数限定30人，采用自主选课的跨班级小组活动形式进行教学，开课之前，任课教师需要做好学期、学年的教学计划与教案，准备上课所需要的35个足球与其他教学辅助器材，并且检查器材是否能够正常使用，如器材缺失则要及时报到体育科组负责人处以便及时添补。具体实施办法如下：

（一）内容安排

本课程的教学内容共分为6个单元,第一单元为足球基本知识,共2课时;第二单元为脚内侧提接地滚球与停球,共5课时;第三单元为运球,共5课时;第四单元为射门,共4课时;第五单元为个人防守技术,共4课时;第六单元为战术演练与模拟比赛,共3课时。另外,每节课都渗透球性练习与身体素质练习。

（二）游戏导入,激发兴趣

足球兴趣和习惯是促进学生自主学习和坚持锻炼的前提。兴趣是最好的老师,学生的学习兴趣直接影响着学生的学习行为和效果。所以,在课程的前期教师应通过丰富多彩的足球游戏来激发学生对篮球运动的兴趣。

（三）教法灵活,事半功倍

教学法是体现某种独特教学思想的教学体系,这意味着它不是一个放之四海而皆有效果的万用妙方,每一种教学法都有其一定的适用范围,教师在选用教学法时,必须从教学的具体实际情况出发,实现教学方法选择的多样化。本课程运用的教学方法如下:

基本技术组合学练法。注重强化移动中控球和支配球的技术训练及能力训练,对较复杂的动作采取由分解到整合、由无球到有球、由原地到行进间的形式进行逐层深入地学练。

基础配合协同学练法。基础配合内容学练中,采用模仿攻防的形式,首先讲究"协同"地进行同伴间的配合学习,形成一种相互间的默契。

竞赛角色演练学练法。首先组织泛化足球竞赛规则的组球比赛活动,将基本技能、基础配合的学练与比赛相结合,在比赛中演练和尝试运用基本技能、基础配合。

五、课程评价

本课程评价由比赛性评价、技术展示评价两大方面进行,在评价中要求做到客观公正,根据学生的身体素质、学习能力、运动水平的差异进

行差异性评价,具体评价方法如下:

(一) 比赛性评价

比赛:将学生分成实力平均的 6 个队,进行单循环比赛,每场比赛 10 分钟。教师根据学生在比赛中的各方面表现进行打分,满分 50 分。获得前两名的队伍队员可各获得奖状一张。

(二) 技术展示评价

技术展示内容为脚内侧踢接地滚球、运球绕杆射门,以及比赛三个项目,学生先分成两大组,分别进行脚内侧踢接地滚球和运球绕杆射门的考核,考核结束后交换项目,教师根据学生在考核过程中对技术的熟练程度进行打分。项目考核规则如下:

脚内侧踢接地滚球:考核时学生按顺序与教师进行一对一传接球,教师根据学生在考核中的对技术的掌握与应用情况进行打分,满分为 20 分。

运球绕杆射门:学生在起点开始运球,走 S 形绕过直线摆放相距 2 米的 8 条标志杆后进行射门。教师根据学生在考核中的对技术的掌握与应用情况进行打分,满分为 30 分。

(课程设计:凌国松)

课程智慧 4-7 国际象棋

适合对象:五、六年级学生

一、课程背景

国际象棋是一项文明、高雅的运动,也是历史悠久、开展最广泛的世界性体育项目之一。它像一座奇妙的、创造性的、发人深省的、迷人的智力"宫殿",其巨大吸引力在于它是"没有结论的思想,没有答案的数学,没有作品的艺术,没有石头的建筑"。据有关资料统计,世界上有 22 位诺贝尔获得者在儿童时期受过国际象棋的教育。儿童学习国际象棋,在弈棋的寓教于乐过程中,智力潜能得到激发,同时熏陶高贵教养、造就优雅品质、塑造人格修养;训练竞争力和挫折承受力;培养成就感。

本课程理念:以棋活思维,笑脸对成败。在国际象棋这项运动中,没有规定的获胜套路,学生需要在学习和比赛的过程中不断地观察、思考、创造,在这个过程中可以活跃学生的各种思维,特别是发散性思维,培养学生意志品质,同时在课程的模拟比赛中可以锻炼学生面对挫折和失败的心理承受能力。

二、课程目标

1. 通过本课程的学习,初步了解国际象棋的历史,以及基本知识,提高对国际象棋的兴趣;熟练掌握各种棋子的走法、吃法,以及简单的开局、中局、残局战术,并在不同的局面中灵活运用。

2. 通过训练,改善急躁和优柔寡断的性情,增强战胜困难的意志、毅力和勇气,养成积极进取、全力搏斗的拼搏精神。

三、课程内容

本课程的教学内容共分为四个板块,分别为国际象棋入门知识、棋子的基本走法与特殊走法、基本杀子法与胜负和的判定、战术指导与模拟比赛。每个板块内容安排如下:

(一)国际象棋入门知识

板块一的内容主要是介绍国际象棋的起源、发展和文化介绍,初步认识棋盘、棋子和棋子的摆放。

(二)棋子的基本走法与特殊走法

板块二的内容分为两部分,第一部分为棋子兵、车、象、后、王、马的基本走法;第二部分为棋子的特殊走法,包括吃过路兵、兵的升变、王车易位等。

(三)基本杀子法与胜负和的判定

板块三主要学习每个棋子的基本杀子法与如何判定胜、负、和。

(四)战术指导与模拟比赛

板块四主要学习中国象棋比赛的一些基本战术,例如:兑子法、牵制战术、拦截战术等。学生达到一定水平后安排一对一的对抗赛,提高学生的技术应用能力。

四、课程实施

本课程根据荔园小学校本课程设置的要求,每学年共 24 学时,人数限定 30 人,采用自主选课的跨班级小组活动形式进行教学。开课之前,任课教师需要做好学期、学年的教学计划与教案,准备上课所需要的国际象棋 20 副与教学辅助器材大棋盘一块。并且检查上课教室的电脑平台、投影仪和教学道具是否能够正常使用,如不能正常使用,则要及时报到相关负责人处以便及时维修或更换,以保证课程正常开展。具体实施办法如下:

(一)视频鉴赏

在课堂上播放一些国际象棋的纪录片给学生看,让学生初步了解国际象棋的起源、发展与文化内涵,激发学生的好奇心,激发他们的学习兴趣,也可以安排他们课后自行在网上观看关于国际象棋的教程,巩固提高学习过的知识。

(二)教学措施

在教学过程中,注意课程内容,可根据实际需要作出适当调整,提高学生的练习兴趣。授课教师要熟悉教材内容,积极创设情景,用通俗易懂的语言、生动的故事进行课堂教学。教学过程中要结合文化教育、思想教育和情感教育。

（三）课堂形式多样化

课堂活动要做到形式多样。通过开展活动来激发学生对中国象棋的兴趣，提高学生的象棋技能，发展学生的中国象棋特长；组织各级象棋比赛；举办中国象棋文化节、征文、故事比赛等，与校园文化有机结合。在活动中提高棋艺的娴熟性、应变性、全面性，促进学生的"棋品形成"。

五、课程评价

本课程采用赛事性评价和评选性评价两种方法相结合的原则，对学生在学习过程中的表现和掌握技能的程度进行评价。具体操作如下：

（一）赛事性评价

在课程的最后三节课组织学生进行比赛，比赛形式采用团体赛形式进行，教师根据学生在比赛中的表现进行打分评价。

考核标准：

优秀：摆棋正确、走子正确，能够理解并掌握胜、负、和的局面。能够较好地保护王的安全，走棋目的性较强，着法合理。

良好：摆棋正确、走子正确，能够较好地理解和认识胜、负、和的局面。能注意到王的安全，走棋有一定的目的性，着法较合理。

及格：摆棋正确、走子正确，能够认识胜、负、和的局面。能注意到王的安全，着法基本合理。

不及格：摆棋有误、走子两次出错，对胜、负、和的局面认识不清。

（二）评选性评价

比赛获得最后胜利的队伍可以评为"最佳团队"，获胜率最高的队员可以评为"国际象棋小达人"。在比赛中表现突出的学生可以评为"优秀学员"。

（课程设计：李建红）

课程智慧 4-8

小小武术家

适合对象：一、二年级学生

一、课程背景

武术是在农耕文明的历史背景下形成发展的,至今仍在传播的以套路、散手和功法练习为主要内容,并体现中华民族传统文化主体精神的身体活动方式,具有强身健体,防身自卫,锻炼意志,陶冶情操,竞技比赛,观赏娱乐交流技艺,增进友谊的功能。武术是中华民族长期积累起来的宝贵文化遗产之一,发展至今已成为世界人民共享的资源。由于我国城市学校普遍存在体育场地较小的问题,大型的体育运动项目难以开展,而武术套路项目需要的场地很小,一块平整场地既可开展活动又能进行全身体育锻炼,符合城市学校体育锻炼的要求,更符合我校开设校本课程的理念,基于以上情况,我校开设了体育系列课程之——武术基础班。

本课程的理念是:强身健体,锻炼意志。教学目的是使学生初步掌握武术套路基本技术、一定的体育与健康知识、武术套路理论知识,提高运动兴趣,形成科学稳定的体育价值观和健康意识,为今后系统学习自己喜爱的武术套路奠定基础;使学生增强体质的同时,学会坚持,学会忍耐,学会吃苦,学会付出;既培育孩子坚强、决断的精神又培养孩子勇于拼搏、积极向上的性格,同时养成礼让、谦逊的高尚品德。

二、课程目标

1. 初步了解武术的含义、精神文化、学习武术的意义,以及武术的健身和健心的功能；掌握一些基本武术动作与简单的武术套路。

2. 通过活泼、有趣的练习方法，提高学习兴趣与参与意识，增强民族自豪感，激发积极向上、勇于进取的精神。

三、课程内容

本课程是武术基础班，学生没有接触过武术训练，所以教学内容以基础为主，包括武术知识、基本功和简单套路三部分，每个部分具体安排如下：

（一）武术知识

主要内容是武术的概念、武术套路、发展历史，通过认识一些重要的武术知识和武术演员，增进学生对武术的认知。

（二）武术基本功训练

主要内容是武术基本功的训练，包括拳、掌、勾等基本手型；并步、弓步、马步、仆步、虚步、歇步等基本步型；冲拳、穿掌、挑掌、撩掌、推掌等基本手法。

（三）武术套路学习

基础班的武术套路学习以简单的套路为主，内容包括五步拳、少年拳、一路长拳。

四、课程实施

本课程按照荔园小学校本课程计划来设置，共 24 课时，采用小组、跨班级活动的形式，活动地点在校内的武术训练场地。课前教师需要通知学生准备好上课所需要的武术服装等用品。具体实施方法如下：

（一）视频鉴赏

开始上课前，任课教师准备一些关于中国武术的短纪录片，要求学生以小组为单位进行观看，从而让学生初步认识中华武术，激发学生的学习兴趣。

（二）内容安排

在学习内容的安排上，先用 2 课时介绍中国武术的起源与发展历史，再用 8 课时学习基本功，剩下课时用于学习武术套路。

（三）教学组织

本课程在教学方法上主要以集体教学法为主，配合比赛教学法、游戏教学法以提高学生的学习兴趣，提高教学效率；在组织方法上，学习新授内容时，以集体练习为主，学生掌握到一定程度后，采用分组练习法，教师巡回指导与纠错。

五、课程评价

校本课程实施中对学生的评价采取"星级"等级制，除了关注学生的学习成果外，还要重视学生积极参与活动的全过程。具体内容为：

（一）过程性评价

这一项是评价学生在学习过程中的表现，如态度、积极性、参与状况等，具体考查课堂表现方面：要求学生在课堂中表现活跃、敢于挑战、勤于练习、善于思考。老师根据这些指标对学生在课堂的表现情况进行打分评价，满分为"五星"，"敢于挑战、勤于练习、表现过于活跃"的评为"四星"；"表现活跃、敢于挑战、但意志不够坚强"的为"三星"；"学习意志不强、但能听从教育的"为"二星"。

（二）赛事性评价

赛事性评价的考核内容为课程学习的五步拳、少年拳，考试采用分组考核，学生按照指定的分组进行考核，老师严格按考试标准客观地根据每名学生的表现予以评分。评分标准如下：

五星标准：套路熟练，动作规范，劲力协调，符合动作要求，精神饱满、风格、特点体现明确者。

四星标准：套路比较熟练，动作较规范，劲力较协调，较符合动作要求，精神较饱满，风格、特点较体现明确者。

三星标准：能够基本完成套路，动作基本正确，基本符合动作要求，能基本体现武术套路的风格特点者。

二星标准：套路完成差，动作规格完成差，风格特点体现不出来者。

(三) 评选性评价

在课程结束后根据前两项评价的得分进行综合评定，获得"星"最多的前 6 名学员当选为"小武术家"，颁发证书一份。

（课程设计：秦肖文 黎惠清）

第五章 小公民课程

俗语说"少成若天性，习惯如自然"。意思是说，儿童时期养成的习惯就像人的天性一样牢固，很难改变。著名教育家叶圣陶先生说过："教育就是习惯的培养。"我们认为，小学阶段是公民意识、公民道德和公民素养形成的基础时期，也是关键时期，这一时期的学校开展公民教育应该聚焦学生发展核心素养，以培养"现代的中国小公民"为基本价值追求，最终将学生培育成肩负祖国和人民重托的时代新人。

荔园小学围绕"让每一颗童心都灿烂"的办学理念，培养具有民族精神和国际视野的现代合格公民。经过研究与实践，开发出富有荔园文化特色的德育课程——"小公民课程"。

"感恩心做人，责任心做事"是荔园小学一直奉行的育人目标和原则。作为黄埔区的标杆小学，荔园小学的育人使命与区域的历史文脉和战略发展息息相关，一方面是民族精神作为立身之本，另一方面是国际视野作为放眼四海的广博胸怀。荔园小学的教学模式正是对此目标的追求并与此相呼应，它是荔园小学育人使命的现代诠释。我们要努力把学生培养成"爱家国，知感恩；有梦想，敢担当；会学习，能探究；有情趣，能审美；爱运动，乐生活"的具有民族精神和国际视野的合格现代小公民。

"小公民课程"是基础课程的整合课程。它以培育和践行社会主义核心价值观为主线，加强中华优秀传统文化教育和法治教育，突出强调个人修养、社会关爱和家国情怀，着重培养学生的良好品行和学习生活习惯。"小公民课程"的内容整合了国家课程"品德与生活""品德与社会"和校本课程混龄选修课，采用灵活多样的形式进行思想品德和行为规范教育。把德育目标渗透于各门学科教学，实现全科育人、全程育人和全员育人。

（一）各年级课程目标

年级	课程名称	课程目标
一、二年级	仪式教育	通过课程活动，让学生寻获"真"知，让学生涵育"善"情，让学生养成"美"行，实现"真善美"的生命追求。
三、四年级	少先队小干部队伍教育	希望通过小干部队伍的打造，给予学生自主管理、发挥才干、增长自信的平台。

续表

年 级	课程名称	课 程 目 标
四、五年级	雏鹰假日小队	通过雏鹰假日小队行动,将爱国主义教育、环保理念教育、社会道德培养、学习榜样教育、公民意识教育等思想教育核心通过实践体验的形式,外化于形、内化于心,深入根植到每个学生心中。
四、五年级	纪念日教育	充分挖掘节日文化内涵,对每个文化节日,要充分挖掘其文化中的知识要素、观念要素、情感要素、实践要素,只有真正挖掘出节日的文化内涵,才能在开展文化节日活动中更有针对性地完善活动的步骤、程序和环节,以达到活动取得实效性的作用。
五、六年级	广府文化	发现并唤醒了解广府文化、学习广府文化、弘扬广府文化的自觉,并在活动中感受广府文化中的"开放包容、兼收并蓄、传承创新"的广府精神。
五、六年级	礼仪茶道	学习茶艺知识,让孩子们感受传统文化中的"礼",举手投足,轻拿轻放,感知规矩,得到成长。

实 施 与 成 效

(一) 课时安排

仪式教育、少先队小干部教育、"雏鹰假日小队"教育、纪念日教育渗透到日常教育中,如班队会、升旗仪式上。广府文化和礼仪茶道授课时间是每周五下午2:00—3:00 选修课时间。

(二) 组织形式

不限于课堂,根据学习主题需要,结合学校和本地实际,可以扩展到校园和校外相关教育场所。在实施过程中,根据不同的主题学习要求,可以不限定教学模式,如组织亲子活动、沙龙、讲座等形式作为德育主题教学的延伸,引导学生在亲子活动中加深体悟。多形态的课程使得每一名学生、教师都经历着不同的学习和生活节奏,学习个性化得到充分展示,真正实现"跨班级""跨学科""跨领域""跨时空""跨师合作"的教育理念目标。

（三）实施要点

1. 注意学习方式的转变

学生是学习的主体，教师在教学活动中已经由单纯的知识传授者向学生学习活动的引导者、组织者转变，创设学生乐于接受的学习情境，灵活多样地运用教学组织形式，特别是小公民课程主动采用自主学习、合作学习、探究学习的学习方式，为学生提供了充分的生动活泼的发展空间。教师注意引导学生从自己的世界出发，用多种感官去观察、体验和感悟社会。如建议学生进行角色扮演、社会调查、搜集图片资料等，在活动中探究，在探究中发现和解决问题。

2. 注重评价方式的改革

改变了过去教学中单一的教师评价方式，在教学中呈现出学生自评、生生互评等多样的评价方式，评价内容也体现出多样性，关注学生在教学中的情感、思考的变化、成长，以及探究学习过程中的发展状态，体现出以学生发展为本的思想。

3. 重视教师的自主创编

教师在教学活动中，用教材而不是教教材，是学本而不是教本。注重与学生生活和实际的联系，让学生进行调查、访问，师生搜集大量资源，以充实教学内容。

4. 关注学生已有生活经验

在现实生活中学生已经形成了一定的品德和行为习惯，积累了一些社会生活经验，在教学中教师善于调动和利用学生已有的经验，从贴近学生的生活入手，激活学生的学习兴趣和探究意识。体现出引导儿童热爱生活、参与社会、学习做人的课程核心理念。注重情感态度价值观的正确引导和能力培养，体现学科性的特点，相关知识概念、技能传授要做到准确。

5. 恰当运用信息技术手段，有机整合，服务教学

教师能紧密结合教学目标，运用信息技术为品德与社会课教学提供有效服务和支撑。有的老师制作了生动的课件；有的老师运用信息技术搜集了大量图片、音像资料为教学目标服务，为小公民课程教学提供了有效服务。

课程智慧 5-1

"雏鹰假日小队"行动

适合对象年级：四、五年级学生

一、课程背景

"雏鹰假日小队"是随着"雏鹰行动"的广泛实施和5天工作制的实行后出现的一种少先队工作方式，是对少先队员自主实践能力的综合锻炼，是利用双休日、节假期开展活动的小队组织。它的出现，反映了广大少先队工作者以积极主动的主人翁精神，在寻觅解决"雏鹰行动"实施中的时空矛盾的办法，是工作扎实、重心下移的体现。"雏鹰假日小队"的兴起，打破了少先队校外活动万马齐喑的局面，给少先队工作带来了勃勃生机。

小队是少先队最基层的组织，是少先队组织的细胞。小队活动有小型化、经常化、多样化、灵活性高、自主性强等鲜明特点。某种意义上说，小队活跃才是少先队真正的活跃。小队活动适合少先队员自我意识的发展要求，它规模小，队员们可以充当主人，自主自动，小队是队员个性发展的摇篮，它让素质教育得到了更充分的实践和体现，为少年儿童教育的全面发展提供了广阔的实践舞台。

本课程的理念是：让队员们从有限的校园空间走进社会，通过小队行动，将爱国主义教育、环保理念教育、社会道德培养、学习榜样教育、公民意识教育等思想教育核心以实践体验的形式，外化于形、内化于心，深入根植到每个学生心中。

二、课程目标

1. 通过社区志愿服务、文明小天使行动、社会调查研究，增强社会实践能力,在行动中培养助人为乐、热爱劳动、勤于实践的公民素养。

2. 通过各种寻访活动,同身边孝敬父母的人、英模、军烈,以及奋斗在各行各业的岗位精英进行零距离接触,从中感悟学习、生活和做人的道理,增强做合格小公民的责任感。

3. 通过寻找红色基因,了解历史,开阔眼界,培养爱祖国、爱家乡、有梦想、勇担当的理想信念。

三、课程内容

本课程以劳动实践、社区服务、社会调查为主旋律,以"自愿组合、就近就便、合理编队、易行有效"为原则优化组建,过程中考虑每个成员的特长,扬长避短,文武搭配,分工明确。小队组建过程中做到四个"突出":突出自主、突出特色、突出趣味、突出创造。内容共分为六部分:

(一)"争当文明小使者"行动

在家长或老师的带领下,积极参加宣传文明礼仪、文明用语的各种公益活动。

(二)"红领巾暖冬"行动

走进养老院、走进困难学生家庭,开展送节目、送心意等形式多样的手拉手活动。

(三)"红领巾年习俗"调查行动

走进社区,走上街头,用眼睛看、用耳朵听,了解中国新年"除旧布新、迎春接福"等传统习俗,寻找习俗的演变,感受时代的变迁。

(四)寻访"最美家乡人"行动

寻访体现"爱国、敬业、诚信、友善"社会主义核心价值的先进人物,了解他们的先进事迹,并通过照片、视频和成果册的形式进行文字、影像的记录。

(五)"小眼睛看美丽羊城"行动

参观羊城改革开放的新成就,关心家乡的发展进程,围绕城市发展、旅游事业、交通出行、经济建设、文化产业、群众生活等方面,摄影摄像,撰写文章,编发微博,展现当代少年儿童的独特视角及所思、所感。

(六)"找寻红色记忆"行动

在家长带领下参观革命纪念馆、烈士陵园、红色遗址、重大革命事件纪念地,了解革命历史,树立远大理想。

四、课程实施

"雏鹰假日小队"一般由几名学生、家长,还有一名中队辅导员组成。队员们自取队名,自设队标,自定公约。共同的话题、共同的愿望、共同的目标为学生的友谊和协作奠定坚实的基础,从而使得他们的探究能力得到进一步增强,团队协作意识、集体荣誉感随着小队活动的开展日益提升。

本课程共 20 课时,采用体验活动形式进行。具体实施方法如下:

(一)自主筹建小队

在中队辅导员和家长志愿辅导员的指导下,以学生自愿为原则,在学校大队部制订的学年假期雏鹰假日行动方案的指引下,选取所在年级专题活动,对自己感兴趣的主题,以就近合作关系组建团队,一般一支小队不超过 12 人。

(二)共创小队文化

小队合作制定队名、口号、队章、队旗、园地,自选队长,自行设计活动计划等等,人人都要有分工和职责,在活动中有自己的定位和角色。擅长画画的队员画上自己小队的队旗,擅长书法的队员写上自己小队的名称、口号,队员们在讨论队章、设计队旗、布置园地的过程中,集体观念初步形成。

(三)假日小队行动

每学年寒、暑假等节假日,各年级各小队分别进行"雏鹰假日小队"系列行动。各小队在家长、辅导员带领下,走进社会,参与到各类体验行动中,在实践中观察、采访、进行小组合作、记录实践、社会宣传等,接受正能量,感受时代新风尚,增强做合格小公民的责任感和自豪感。

(四) 共同制作成果

活动结束,以小队为单位制作《寻访记录手册》《调查成果册》,内容可以是自己的绘画、文字记载、活动过程中精彩瞬间照片等,以图文并茂的形式拼贴整合起来,精心修饰排版后打印装订成册,在指定时间内交中队辅导员。小队长撰写活动总结,表达真实感受。过程中锻炼队员合作、动手实践及解决问题的能力。

五、课程评价

"雏鹰假日小队"活动是利用节假日时间,提升学生综合能力的有效实践,在评价思想上,鼓励积极参与,关注过程中每个小队的参与热情和实施效果。

(一) 真实性评价

真实性评价是一种要求学生运用所学知识、技能去完成一件有意义的任务,用以提升学生解决问题、交流合作和批判性思维等多种复杂能力发展状况的评价方式。在"雏鹰假日小队"活动中,学生通过各种专题实践,各施其能、各展所长。过程中的交流表达、实践探究、合作分享、团结互助,让学生体验到感恩、自信、责任、收获与成长。

(二) 评选性评价

评选性评价是一种激发学生争先创优,营造一种积极向上氛围的评选方式。开学初,各班择优推选 3 份优秀成果手册,内容含封面、标题、队员签名、活动内容记录、活动照片、活动体会等,并统一上交学校,学校根据类别分别评出项目成果的一、二、三等奖若干名(根据参与小队比例、人数和实际效果酌情设置),并在升旗仪式上给予表彰。

(三) 展示性评价

展示性评价是一种提升学生自我素养、真实展现学生学习成果的课程评价方法,根据各小队合作效果评选出"最佳雏鹰假日小队合作奖"

"最佳雏鹰假日小队优秀队员"若干名(根据参与小队比例和实际效果酌情设置),展示学生优秀实践体验成果作品及手册,达到激励与互相学习的效果。

(课程设计:李瑛)

课程智慧 5-2 纪念日主题教育

适合对象年级:五、六年级学生

一、课程背景

节日、纪念日是宝贵的思想政治教育资源,具有很强的思想性和教育性。利用节日、纪念日开展小学生主题教育活动,对于培养学生成才具有重大意义。准确把握节日、纪念日文化内涵,深入挖掘节日的教育价值,开展主题鲜明的教育活动,丰富活动内容,创新活动形式,精心打造主题教育品牌活动,是创新小学生思想政治教育的有效途径。一个节日,一种文化,一个主题,延续几千年的传统节日更是有着深厚的文化底蕴。

本课程的理念是:充分挖掘节日文化内涵,对每个文化节日,要充分挖掘节日文化中的知识要素、观念要素、情感要素、实践要素,只有真正挖掘出节日的文化内涵,才能在开展文化节日活动中更有针对性地完善活动的步骤、程序和环节,以达到活动取得实效的作用。我们可以将节日分为革命传统类、文化传统类、世界主题类、学校文化类,突出不同类型节日的文化内涵,深入挖掘其所蕴涵的教育价值。开展主题鲜明的教育活动,精心打造主题教育品牌,创新小学生思想教育的途径。

二、课程目标

1. 搜集有关纪念日的资料，认识并了解少先队重大的纪念日。利用教材留白，畅谈视野中的独特纪念日，丰富知识积累。

2. 识记纪念日的时间，交流不同纪念日的来历及特定含义，提升对祖国、人民及社会生活的热爱，激发强烈的纪念意识。

3. 开展纪念日的纪念活动，燃起学生纪念的热情，形成纪念氛围，锻炼学生的组织创新能力。

三、课程内容

为了充分利用传统节日和革命纪念日有效载体，组织开展形式多样的青少年思想道德教育活动，丰富节日活动的思想内涵，切实加强未成年人思想道德建设，围绕主题收集相关资料，了解纪念日所表示的特定含义及其来历，开展合作实践活动。本课程按照学校月度实施计划为主旋律，内容分为11部分：

一月、二月：利用元旦、春节等节日，对学生进行民族文化传统教育。举办元旦晚会等传统活动，以寒假社会实践为契机，广泛开展文艺表演、民俗了解等活动。

三月：以学雷锋活动月、植树节为契机，广泛开展志愿者活动、环保意识教育。

四月：以清明节为契机进行革命传统教育，举行扫墓等活动，缅怀先烈，同时在附近城镇中宣传文明祭扫、网上公祭，树时代新风。

五月：以劳动节、青年节、母亲节等节日为契机，开展责任教育、感恩教育。

六月：以父亲节、儿童节为契机，开展感恩教育、爱幼教育。

七月：以建党纪念日为契机，开展党史教育、爱党教育；做好暑假社会实践的部署安排。

八月：以建军节为契机，开展拥军、爱军教育；做好暑假社会实践的总结。

九月：以教师节为契机，弘扬尊师重教的良好风尚，开展教师职业道德教育。

十月：以国庆节、重阳节为契机，广泛开展爱国主义教育、尊老爱老教育。

十一月："11·9三防教育"防水、防火、防地震安全教育。

十二月：以一二·九运动纪念日为契机，开展理想信念教育、爱国主义教育。

四、课程实施

利用每周一次的升旗仪式，对全校学生进行普及教育。各班以"国旗下演讲"为主题，以小品、话剧、相声、故事表演等形式来展示不同纪念日的来历、纪念意义等。各班结合主题活动对学生进行爱国、集体主义、革命传统、文明礼貌、尊师爱校等方面的教育。根据青少年的审美情趣、接受能力和心理特点，立足青少年乐于参与和便于参与的宗旨，不断创新主题教育活动方式，一个节日突出一个主题，坚持针对性、实效性、可操作性原则，抓好主题班会、主题中队会的教育活动。

五、课程评价

重大节日、纪念日是对学生进行主题教育的有利时机。在评价过程中，通过小组合作，综合评价学生在活动中展示的沟通、合作及协调能力。

（一）展示性评价

在中小学，展示性评价是一种真实的课程评价方法，更是一种有意义的课程实施方式。通过小组合作，共同完成关于节日的手抄报，并展示在班级黑板报中；或者通过小组排练，在每周一的升旗仪式上开展节日来历的宣传科普和一系列庆祝活动。在展演的过程中，组员分工明确,可以通过小品、歌曲、乐器演奏、相声等形式对这些特殊日子进行纪念,由学校统一评出一、二、三等奖,并在升旗仪式上表彰。

(二) 过程性评价

过程性评价是学生对学习过程价值建构的过程,是在学习过程中完成的。它强调学习者适当的主体参与,是一个促进学习者发展的过程,不可能通过一次评价完成,它应该是在学习过程中发生的、学习者参与的、渐进的价值建构过程。在节日纪念活动中,由于节日分别在不同的时间,学生通过制作"节日纪念册",在不同的时间搜集节日的来历、特点、意义、庆祝活动等。学生可以用不同的方式记录,如绘画、写作、照片等形式。一段时间后就形成学生的"节日纪念册"。通过纪念册的制作,让孩子体验制作成果的幸福和快乐。

(课程设计:黄瑜)

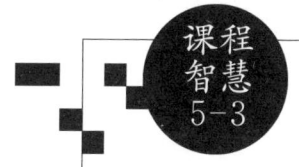

课程智慧 5-3　少先队小干部队伍教育

适合年级:四、五年级

一、课程背景

少先队是小学生最基本的组织,少先队干部是队员思想道德建设的一支重要的力量。他们担负着管理、服务、组织、活跃校园文化生活等重要职能,在少先队工作中有着不可替代的作用。培养好小干部队伍,对促进少年儿童勤奋学习、快乐生活、全面发展、健康成长具有十分重要的意义,它是实现学生自主管理、自我教育、个性成长的核心力量。充分调动小干部集体管理、活动组织、服务队员、个性成长的积极性,能发挥团结、带动广大少先队员的积极作用。这支队伍的责任意识、工作能力、活力及领头羊作用直接影响着学校的校风、班风和校园文化形象。

本课程的理念是：通过小干部队伍的打造，给予学生自主管理、发挥才干、增长自信的平台。活动中，小干部各司其职、各展所长、锻炼提高，带动所在团队发扬善于合作、勤于实践、乐于奉献的精神。同时，通过发挥小干部"火车头"的先锋模范带头和引领作用，增强班级活力、活跃学生校园文化生活，以点带面提升整体学生素质。

二、课程目标

1. 学生通过参加校园小记者、校际主持队、红领巾管乐团、国旗仪仗队等活动，体验民主参与学校各种活动的机会，并在学习、团队合作中坚定工作责任和信心，提升自身综合素质。

2. 在一定的竞争环境中学习，在课程老师的带领下，掌握所学技能，并通过参与各种校园文化活动、比赛等施展才华，带动更多有意愿加入的同学成为优秀的小干部。

三、课程内容

本课程着重打造少先队小干部文明监督岗、国旗仪仗队、礼仪队、小记者、小主持、管弦乐团六支队伍，使他们逐步具备服务队员、提升自我、榜样示范，带动和培养更多队员的作用。具体内容为：

（一）红领巾文明监督岗

由竞选上岗的队员组成，在辅导员的指导下，对各中队"十项"行为习惯进行督查，评选出每周"文明班"。

（二）校际国旗仪仗队

由经过全国青少年升旗手冬训营培训、考核过关，并成功进入校队的旗手执行每周一次全校性升旗及各类大型活动的出旗任务。

（三）校园小记者队伍

在学校记者站的培训下，参与各类媒介素养提升活动，同时负责校内外大型活动的新闻发布工作。

（四）校际礼仪、主持队

定时培训着装、发式、迎宾等礼仪规范,担任学校大型活动迎宾、颁奖、指引等任务。集中培训与个性化培训相结合,负责主持学校升旗仪式及校内外各类大型活动。形成梯队,择优选拔小队长。

（五）"七彩阳光"管乐团、弦乐团

在乐团常聘专家及学校指挥老师的带领下开展训练,参与校内外各类大型活动演出、比赛及迎宾活动。

四、课程实施

本课程以项目小组的形式进行,每项内容一学期20课时。采用跨班级自主报名、择优入选的方式组团。每项设立专项负责教师,整合家长志愿辅导员、外聘优秀师资等资源,通过每周常规培训、活动过程锻炼、各种平台展示的方式开展。活动地点根据项目特性由执教老师选定。

（一）红领巾文明监督岗

每学年9月,由各中队民主推选、校内公开竞选产生"红领巾文明监督岗"队员。经过大队部上岗前培训合格,开展工作。队员每周以学校文明班"十项评比"细则为依据,对各班文明礼仪、着装、早午读、眼操、班容、行为习惯、规程等进行督查,以大队辅导员辅导、队员自主管理的模式开展督导工作。过程中小干部们对班进行蹲点,"手拉手"服务,做中队辅导员的好助手和队员的好伙伴,每天通过大队长及时整理民主管理情况,每日反馈公示、每周升旗仪式点评、每学期汇总至光荣册,与学校值日行政、教师一道齐抓共管学校班风、校风建设,同时落实少先队组织"自己的阵地自己管"的目标。

（二）校际国旗仪仗队

根据学生志趣、民主报名产生国旗仪仗预备队员,以每年参加全国青少年国旗仪仗队冬训营为契机,在北京国旗班退役教官的带领下学习规范升旗仪式程序。拿到结业证书的队员,返校后择优选拔组队,执行每周一次的常规训练,并负责全校性的升旗及大型校内外活动出旗任务。

(三)校园小记者队伍

根据学生兴趣、语文老师及班主任推荐,经过项目负责老师的选拔,产生校园小记者,每周进行常规培训。学期中,按照队员个性、意愿及校内活动整体计划,分小队在老师指导下对校内外大型活动进行采访、撰稿、报道。

(四)校际礼仪、主持队

每学年在四年级挑选校际礼仪队,统一着装、发式,负责学校大型活动的迎宾、颁奖等工作。在班主任和语文老师的推荐下,选拔在语言艺术表达方面有特长,又热心参与学校各项活动的队干部,由学校大队部组织培训,分工负责学校升旗仪式及艺术、体育、科技等大型活动主持。

(五)"七彩阳光"管乐团、弦乐团

根据学生兴趣、音乐老师推荐产生乐团成员,每周在乐团常聘专家及指挥老师的带领下组织训练,学习各种健康、高雅的曲目。乐团队伍每年参与学校大型活动演出、迎宾及各类比赛活动。

五、课程评价

以学生为主体,注重过程性评价,坚持激励性评价,关注个性特色评价。具体评价主要为以下两方面:一是专项负责老师根据每名队员在参与培训、执行任务、团队合作过程中的表现,及时在过程中给予每名小干部评价。二是定期开展"优秀队干部""红领巾小领袖"表彰活动,使每个学生都能感受到来自老师、家长、服务群体对自己点滴成长、进步的关注和肯定,促进小干部队伍的不断发展、壮大。

(一)评选性评价

1. 评选"优秀队干部"

每学年,各年级根据学生参与校际小干部队伍活动的踊跃度,综合项目组负责老师反馈情况,优先将校际小干部纳入学年度年级"优秀队

干部"评选人选中。

2. 评选"红领巾小领袖"

根据各项目组实施计划,每学期针对小干部参与活动次数、执行任务效果及在团队中发挥的正向引领作用,按比例分类别评选出若干"红领巾小领袖",在升旗仪式"红领巾光荣时刻"给予表彰。

(二) 表现性评价

大雁能够有秩序地结队远行,离不开领头雁。小干部队伍建设中,学校和老师会创设各种展示平台,慧眼识英才。队干在各种实践中,磨炼技能、品质,展示自我才华,表达个人观点,创造性地开展工作,过程中坚持能者为上,每名成员力争做最好的自己,成为团队中的队长、副队长,协助老师培养更多的队员和队干。

(课程设计:李琛)

课程智慧 5-4 仪式教育

适合年级:五、六年级学生

一、课程背景

仪式是人们表达信仰、传递思想情感、传递社会价值观的工具。仪式作为一种文化象征,具有特别重要的作用,它可以使一些我们所经历的看似普通的事件,被赋予一种特别的,甚至是无法言说的意义,触及人的心灵。因此,以仪式的形式开展的教育活动,可以营造特殊的教育氛围,表达教育内容,传递价值观念。

"中国有礼仪之大,故称夏;有服章之美,谓之华。"(《春秋左传正义》)千百年来,中国一直是一个注重仪式的国家。如传统的开学礼、成人礼,之后的拜师仪式、结拜仪式,等等。仪式中包含着一种承诺,它将一些美好的价值观传递给孩子。就像拜师收徒弟需要下跪、敬茶,这意味着师傅承诺尽心教徒弟全部的技能、做人处事的原则等;而徒弟承诺不忤逆师傅。这些仪式除了有一定的程式外,更重要的是有心的介入,能传递一种价值观念和情感。仪式让人们摆脱了日常生活的平庸琐碎,变得崇高庄严。仪式之于人的感染和教化作用还基于它所产生的仪式感。它涵盖了意义感、庄重感、认真感、紧张感、在场感和参与感等多种感觉元素。仪式让抽象的一些品质、知识变得生动形象。它的核心是"成长",通过庄重的仪式,让学生寻获"真"知,让学生涵育"善"情,让学生养成"美"行,实现"真善美"的生命追求。这些是实施公民教育、构建和谐社会的重要内容。

　　本课程的理念是:发挥仪式教育触及学生心灵,促进学生生命体验、角色体验和角色实现的功能,内化学生素养,促进生命绽放。让学生在活动中领悟生命存在的价值、意义,快乐地体验到成长的滋味,并学会发展自我的方法,拥有正确的人生观、价值观、世界观。教师也在仪式教育课程的实施中,更深刻地理解教育的价值。

二、课程目标

　　1. 通过课程活动,让学生寻获"真"知,涵育"善"情,养成"美"行,实现"真善美"的生命追求。

　　2. 邀请家长参与其中,为父母和孩子提供交流的平台,创造共同成长的机会。在活动中共同创造深刻的情感共鸣,从而增进了解,体验感动和感悟,内化为个人素质。

三、课程内容

　　为满足学生成长的个性化需求,为每个学生提供成长的平台,我们构建尊重儿童生命的仪式课程内容。依据学生的认知水平,贴近学生生活实际,整合家庭、社区、校外实践基地等资源,学校设计具有连续性的系列成长课程,从而构建学生成长的阶梯,形成仪式课程体系。内容如下:

(一)升国旗、开学、散学典礼

每周一早上在大操场举行规范的升国旗仪式,每学期初和期末的开学典礼和散学典礼,让学生有庄重的仪式感,提升爱国、爱校的情感。

(二)少先队仪式

通过少先队的丰富活动,让学生在活动中体验仪式、感受仪式,并在行动中充满仪式感。

(三)纪念日仪式

通过纪念日的仪式,如教师节献花、祭扫烈士墓等,学会感恩,升华对革命先烈的敬仰之情,继承先烈遗愿的志向。

四、课程实施

"仪式教育"让学生的自我认同、群体认同和文化认同和谐统一为一体。它是基于儿童成长的课程,所以更关注从课内到课外的延伸,努力营造家长共同参与的氛围,为家长、孩子提供体验感悟、共同成长的平台。"仪式教育"以活动的形式进行,过程中带给参与者丰富的情感体验,有效提升参与者之间的凝聚力与同心力。本课程共22课时。采用分年级活动、全年级活动或跨年级活动形式开展。活动地点在校内大操场、电教室或指定地点进行。具体实施方法如下:

(一)升国旗仪式

每周一早上在大操场举行规范的升国旗仪式。由国旗仪仗队出旗,升旗手在三至六年级优秀的队员中推荐产生。每周国旗下演讲主题根据当周重大纪念日及学生实际发展需求在学期初统一拟定,内容含:爱国、环保、法治、理想、诚信教育等。

(二)开学典礼、散学典礼

每学期开学第一天举行开学典礼。由校长、家委会成员、礼仪队在校门口迎接全体师生。开学典礼包括社团节目展演、学校"镇校之宝"——天安门国旗班赠送的十三号国旗的展示、学生代表书写新学期愿望、新生与国旗合影等。学期最后一天,全体师生集结操场,小结一年来的办学成果,并进行假期安全讲座,启动红领巾"雏鹰假日小队"活动。

（三）少先队仪式

每年的"六一"儿童节举行全校性的庆祝活动。活动第一环节按照少先队规范流程隆重举行一年级学生"入队仪式"。"十·一三"队庆日,每年"十·一三"队庆日,举行全校性庆祝仪式,聘任新一届大队委、中队辅导员、校外辅导员、法治副校长等活动。主题中队活动,每周一节的主题中队活动课,由中队委组织、中队辅导员指导,家长辅导员或校外辅导员参与。仪式程序含：队仪式、主题活动实施、辅导员小结、退队旗。实施主题包括：社会主义核心价值观、爱国明礼、法治安全、少先队历史、争做新时代好队员等,根据时事及班级实际、学生成长需求设立。

（四）教师节感恩仪式

每年的教师节之际,举行全体性的"'祝福送教师'感恩仪式"集会,仪式程序：学生代表节目表演、诗朗诵等。

（五）祭扫烈士墓仪式

每年清明期间,由四年级全体师生代表学校祭扫烈士墓,表达对革命先烈的敬仰之情和继承先烈遗愿的志向。

五、课程评价

我们主张实施儿童体验成长的仪式课程评价,根据孩子实际和发展需要,设定适应孩子发展的评价标准和评价方式,不断确立新的目标,追求进步。

（一）情境性评价

情境性评价,是基于加德纳的多元智能理论而提出的队员评价形式。它将学生多元智力的成长放置于具体的学习、生活情境中,重视学生成长过程中的思维能力、情感体验方面的考核评价。仪式教育就是让学生在富有思想内涵、流程设计独特、感染力强的主题教育中,引发情感的共鸣,促进自身的警醒、感悟、反思、提升,促进优秀价值品质的形成。

(二) 同伴式互评

同伴式互评来自于皮亚杰的认知发展论和班杜拉的社会学习理论。两者都认为,人在成长时所获得的行为模式就是他们与别人相互作用的结果。仪式教育中,学生通过观看参与学生及同伴在过程中的表现,认识到差异,打破原有的认知,从而带动认知结构的重建和丰富,客观地认识自我,明确努力的方向。

(课程设计:李瑛、黄瑜)

课程智慧 5-5　茶　艺

适合对象:五、六年级学生

一、课程背景

中华茶文化源远流长,博大精深,为中华民族之国粹。茶叶是中国对人类的重要贡献,主要在于最早发现并利用茶这种植物,把它发展成我国的一种灿烂独特的茶文化。中华茶文化是我国传统饮茶风习和品茗技艺的结晶,具有东方文化的深厚意蕴。茶文化之核心为茶道,茶道是茶与道的融合与升华。

本课程的理念是:通过介绍茶叶、茶文化、茶艺展示,使学生具有茶艺、茶文化方面的基本知识和基本技能;能正确运用茶文化知识,同时能陶冶情操,净化心灵,建立和谐人际关系,提高综合人文素质。

二、课程目标

1. 了解中国茶文化、茶叶基础知识,掌握茶事服务相关知识与技能,掌握不同茶艺表演特点及技能,能根据需求对茶艺馆进行主题场景布置及管理等。

2. 培养正确把握各茶类的品质特征的能力,根据茶品配置器皿、编排科学的茶艺程序的能力,以及增进与人沟通交流的能力。

3. 具备一定的茶学素养、审美情趣、生活情趣、人文素养和综合素质。

三、课程内容

本课程教学内容分为8个教学单元,每周一小时的时间,采用理论实践相结合的方式,通过茶文化、茶历史、茶叶相关知识讲座,让学生全面系统地掌握茶叶、茶道、茶艺与茶文化的相关知识。通过学习掌握茶叶冲泡技艺,培养学生茶艺美学意识和茶道礼仪,培养学生一定的茶学素养、审美情趣、生活情趣,提高人文素养和综合素质。

(一)了解茶叶的基础知识

通过学习茶叶的起源与发展历史,以及茶叶在中国的发展历史,让学生知道,中国是茶的故乡。茶叶已经成为风靡世界的三大无酒精饮料之一。

(二)茶叶的选购与贮存

根据身体状况、口味,选择茶叶。选茶叶时可以看茶叶的松紧,茶叶的纯净度。茶叶切忌与食糖、糖果放一起。食糖、糖果含水分多而茶叶恰好易吸潮,它们放在一起,会使茶叶很容易就受潮,最终发霉、变味。

(三)冲茶、饮茶与品茶

通过初步掌握冲茶的方法,让学生感受饮茶与品茶也是人生的一种乐趣和享受。

四、课程实施

本课程按照荔园小学校本课程计划来设置课时,每个学期12课时,共 24 学时。内容如下：

（一）茶叶的基本知识

在茶叶基础知识内容的学习过程中，要求学生利用课外时间，通过对茶的鉴别，以及茶叶的开汤品鉴，深入地了解茶叶的基本知识，懂得六大基本茶类的主要特点和分辨方法。

（二）视频学习茶文化传播

了解茶与茶文化的起源与发展历史，懂得中国茶文化的内涵和基本精神，了解中国茶文化在世界范围内的传播，通过观看视频等方式对日本茶道、韩国茶礼，以及英式下午茶文化进行了解。

（三）实践操作

熟悉冲泡各种茶叶的投茶量、茶水比，熟练掌握铁观音茶艺的冲泡流程，乌龙茶茶艺解说词，正确、美观地摆放茶具，进行茶席的布置和整理，行茶礼仪规范得体，能够自然而优雅地进行乌龙茶茶艺表演。

五、课程评价

本课程的评价更多的是关注学生对茶文化的理解和操作，以评促学，让学生在更好的环境中领悟茶的艺术。对学生主要采取优秀、良好、合格三个等级进行评价。

优秀等级为能熟悉冲泡铁观音的投茶量、茶水比，熟练掌握铁观音茶艺的冲泡流程，乌龙茶茶艺解说词，正确、美观地摆放茶具，进行茶席的布置和整理，行茶礼仪规范得体，能够自然而优雅地进行乌龙茶茶艺表演。

良好等级为仅能熟悉冲泡铁观音的投茶量、茶水比，熟练掌握铁观音茶艺的冲泡流程。

合格等级为仅掌握铁观音茶艺的冲泡流程。

（课程设计：程玫、黄瑜）

课程智慧 5-6

广府文化

适合对象：五、六年级学生

一、课程背景

广府文化是广府民系的文化。它是以广州为核心、以珠江三角洲为通行范围的粤语文化。它从属于岭南文化，在岭南文化中个性最鲜明、影响最大。由于广府文化在广东民系文化中的突出地位，因此，广府文化在各个领域中常被作为粤文化的代称。

本课程的理念是：小制作，大传承。作为广州地区的孩子，应该了解广府文化的相关内容，传承广府文化的特色，让该文化体系能够世代流传。我们希望通过多种手工制作，锻炼孩子们的手和脑，培养孩子们的动手能力、合作能力以及专注力，并将广府文化传承下去。

二、课程目标

1. 了解广府文化的背景及起源，知道广府文化的特色及传统项目，继承民俗文化；

2. 继承广府文化的特色，学习制作广府文化的传统手工艺品，体味其中的乐趣；

3. 学会观察、学会动手、学会合作、学会审美，感受生活的美好。

三、课程内容

本课程主要了解广府文化的背景及起源，知道广府文化的特色及传统项目,培养动手能力、构图能力、专注力,同时传承中华传统文化;学会用生活中细枝末节的小东西制作出优美的手工艺品,受到美的感染和熏陶,提高审美能力。具体内容包括:

（一）桃树制作

材料:2号、3号套筒各一个,花蕊、纸巾、铁丝、QQ线、丝网、胶带若干。

制作方法:

1. 用2号套筒制作5个铁圈,用桃色丝网包裹,QQ线固定,完成5个花瓣;

2. 将3根花蕊捆成一束,依次叠加并用QQ线捆绑5个花瓣,固定了以后用胶带包裹好,适当调整花瓣形状,一朵桃花制作完成;

3. 用3号套筒制作若干个铁圈,将其调整成叶子的形状,用绿色丝网包裹,用QQ线固定,完成叶子制作;

4. 用一根10厘米的铁丝,将其末端弯曲成一个结点,用纸巾反复缠绕结点,直至形成花苞形状,大小随意,再用丝网包裹好,用胶带缠好,花苞制作完成;

5. 剪一段20厘米长的铁丝制作花枝,将2个花苞、若干叶子和已经做好的花瓣组合成一簇桃花,露出的铁丝部分用胶带包裹,重复制作5—6簇桃花,将所制成的桃花依次组合,结点处用胶带包裹好,形成一棵桃树。

（二）花篮制作

材料:丝带一捆、香皂一块、珠针若干、40厘米铁丝一段。

制作方法:

1. 围绕香皂底端四周均匀插入珠针,做成长方形围栏状,珠针裸露部分高度一致;

2. 翻转香皂对面,重复上述步骤;

3. 用一根珠针固定丝带的一头,从香皂底端向上与对面珠针逐一交错缠绕,达到完全包裹香皂侧面的目的,末端围绕珠针打结;

4. 将铁丝对折,扭成一束,用胶带包裹铁丝,将铁丝做成U形做花篮提手；

  5. 把提手插入香皂上方，花篮制作完成；

  6. 可选用制作好的桃花插入花篮内，达到填充的效果。

 （三）金鱼制作

  材料：花苞1个，小黑珠1对，白乳胶、铁丝、丝网、胶带、QQ线若干，3号、4号、5号套筒各一。

  制作方法：

  1. 在花苞尖端两侧沾上白乳胶，贴上一对黑珠作金鱼眼睛；

  2. 用3号、4号、5号套筒分别做2个、3个、3个铁圈，用双色丝网将每一个铁圈包裹，用QQ线固定，将套好丝网的铁圈按3、4、5、4、5、4的型号顺序叠加，两两叠加时用QQ线固定，最后将5号铁圈与前面所有铁圈呈90°角叠加，固定好；

  3. 把固定好的7个圈的鱼尾巴插入花苞底端；

  4. 用双色丝网从花苞顶端紧紧包裹至底端，用QQ线扎紧固定；

  5. 从花苞底端向前翻转鱼尾铁圈，先翻最外面的5号铁圈，使之紧贴鱼身，鱼眼之间的凸起处作鱼嘴；

  6. 将鱼尾从边上打开，进行调整，直至满意；

  7. 将顶部最中间的4号铁圈向前转弯曲成"8"字形，然后调整紧贴鱼身，形成鱼鳍。

 （四）芝麻花制作

  材料：芝麻花、白色卡纸（硬纸片）一张、白乳胶。

  制作方法：

  1. 用直尺、铅笔和剪刀剪出直径分别是3厘米、2厘米、1厘米的圆形卡纸（硬纸片）；

  2. 用棉签沾上白乳胶分别涂抹3厘米、2厘米、1厘米的圆形卡纸（硬纸片），然后依次叠加，做成花托；

  3. 用棉签沾上白乳胶，沿着花托边缘均匀地涂抹；

  4. 用牙签点一粒芝麻仁，将芝麻仁小头朝圆中心，芝麻仁大头朝外，粘贴好花托最外一圈；

5. 重复上一步骤,完成第二层,然后将第一层边缘再粘贴上芝麻仁,成辐射状,以此类推叠加三层,芝麻花就做成了。

四、课程实施

本课程采用小组合作,跨年级、跨班级的活动形式。活动地点定在学校四楼图书室。活动之前根据学习内容给每个同学分发工具包,工具包内是当节课要用的所有物品。每学年 24 课时。具体实施方法是:

(一)演示教学法

每一节新课之前,教师先给学生看做好的成品,激发学生学习的兴趣,然后讲解工具包里物品的用途,接着根据学习内容,抽出相关难点给学生演示。有些操作,在大人看来是很简单的,但是如果老师不给孩子演示一下,很多孩子还是无法完成的。例如"用丝网包裹铁圈",如果老师只是讲解,学生无法了解怎么包裹,从哪里裹起。教师只有边演示边讲解,将自己的操作过程展示给学生,才能帮助学生对该项操作有自己的认识和理解。

(二)实践操作法

实践操作有利于促进学生左右脑协调发展。脑科学研究表明,大脑的左、右两半球各有不同的优势功能,右脑以形象的感知、记忆、时间概念、空间定位、音乐、想象和情绪等活动占优势。由于大脑的功能具有整体性,只有左、右半球相互配合,协调发展,人的智力发展才能获得最佳效果。一个人的实践活动能力是其创新能力的重要组成部分。我们既需要学生具有获取知识的能力,也需要学生具有应用知识的能力。而知识也只有在能够应用时才具有生命力,才是活的知识。

操作不是单纯的身体动作,而是与大脑的思维活动紧密联系着的。操作中学生不但要观察、分析、比较,还要进行抽象、概括,从中发展思维。例如,在制作金鱼的过程中,有这样一个步骤:"将套好丝网的铁圈按 3、4、5、4、5、4 的型号顺序叠加,两两叠加时用 QQ 线固定,最后将 5 号铁圈与前面所有铁圈呈 90 度角叠加。"学生就要一边动手,一边思考:

"怎样做才能做出金鱼样子的效果？怎样才能栩栩如生？"这样，做出来的作品才能达到预期的效果。

我们开发的广府文化这门课程，将学生的实践操作放在首位，如果只是看别人做，听别人讲解相关知识，那就失去了开设本课程的意义。

（三）自主创新法

当前小学手工制作课堂中常用的教学方式是：示范讲解——模仿制作，亦如我们前面的两个教学方法。如果就用这样的教学方式的确可以更快捷地达到教学目标，让学生很快学会方法。但是这不利于学生独立思考能力和创新思维能力的培养。我们在教学中还采用"自主创新法"。学生在老师讲解和示范的基础上可以有自己的创新，有自己的思考。例如"芝麻花制作"，我们只教孩子怎样利用芝麻进行制作就可以了，至于做成怎样的图案，可以让他们自己想象，有些孩子自己画了图案，然后摆上芝麻，做出的作品具有个性，也非常美观。再如"桃树制作"，对于一簇桃花如何分布花朵、桃树上纸条的分布，老师不做任何要求，完全让孩子自己做主。目的在于让学生主动参与、乐于探究，使他们从"学会技术"到"会学技术"，提高其动手动脑的能力。

五、课程评价

我们的评价不仅要关注评价的结果，更要关注评价的过程，同时还要关注学习的兴趣。具体做法如下：

（一）过程性评价

学生在学习过程中，不管是手工制作还是同学间的互帮互助，不管是学习态度还是学习方法，只要有进步，都要进行鼓励性的评价。及时给于的表扬和鼓励，是孩子们前进的动力。例如，学生前面不会合作，经过老师提醒会了；之前不会动手或手工做得不精细，经过学习有改观了；之前动作慢，后来制作速度提高了……教师都要及时给予鼓励和表扬，这样才能让孩子们达到乐学的目的。

（二）等级性评价

不管是过程性评价还是结果性评价，主要采取等级制评价方法。等级制评价主要分为优秀、良好、合格、不合格四个等级。优秀等级为态度认真、做工精细、形状美观的作品。良好等级为态度比较认真、做工比较精细、形状还不错的作品。合格等级为能按老师的要求做，能做成作品。不合格等级为没按老师要求做，并且没有做成作品的。具体表格如下：

广府文化学习评价表					
（　）学年度　第（　）学期　班级：　　姓名：　　任课教师：					
评价内容	当堂所学内容	自评	互评	师评	家长评
能力培养	是否了解一些材料的性能和常见的应用工具				
	动手能力				
	思维能力				
	创意能力				
	想象力				
学习态度	对手工制作的喜欢程度				
	能否按要求做				
	制作时能否保持所处环境卫生				
	制作完成后能否收拾整理制作材料				
	与同学间是否合作				
完成情况	设计并制作一个作品				
	制作的效果				
评价参考为：优秀、良好、合格、不合格四个等级					

（课程设计：张媚）

后记

学术研究,有两种境界。孟子云:"学问之道无他,求其放心而已矣。"此为学术的第一种境界,即"学问乃为己之学"。又王阳明云:"夫道,天下之公道也;学,天下之公学也,非朱子可得而私也,非孔子可得而私也。"此为学术的另一种境界,即"学术乃天下之公器也"。于荔园小学品质课程团队而言,虽是用知识充实自我的一己之学,却从未懈怠。正是在这种境界的支撑之下,近三年的坚持使荔园小学品质课程团队终于敲完了书稿的最后一字。

三年前,荔园小学品质课程团队有幸地成为杨四耕先生团队的其中一支,杨四耕先生严谨的治学之风,敏锐的洞察力,孜孜不倦的教诲,深深地激发了荔园小学品质课程团队对学术的兴趣。在杨四耕先生的引导之下,荔园小学品质课程团队懂得了如何去纂写课程规划和课程纲要,如何在最快的时间,做好高难度的工作。这所有的一切,都可以用此文来作为见证。从当初的无从下笔、用词不准,到后来的框架整理、课程定稿,都饱含着杨四耕先生的心血。此时此刻,所有的语言都是苍白无力的。然而,荔园小学品质课程团队的成员们仍然要大声地说出这句话:谢谢风趣幽默的杨四耕先生,您的教诲,我们将深藏心底!

"文章千古事,得失寸心知。"书中存在的种种不足,敬请有关专家同仁能够给予批评与指正。谢谢!

书名	ISBN	价格	出版时间
教师专业发展的理论与实务	978-7-5760-0721-3	42.00	2021年1月
课堂教学的30个微技术	978-7-5760-1043-5	52.00	2020年12月
教学诠释学	978-7-5760-0394-9	42.00	2020年9月
原点教学：提升区域育人质量的策略研究	978-7-5760-0212-6	56.00	2020年8月
聚焦学科核心素养的课堂教学	978-7-5675-8455-6	36.00	2018年11月
指向学科核心素养的课堂教学范式	978-7-5675-8671-0	54.00	2019年6月

学校课程发展丛书

书名	ISBN	价格	出版时间
数学学科课程群	978-7-5675-9445-6	58.00	2019年8月
科学学科课程群	978-7-5675-9593-4	34.00	2019年9月
核心素养与课程设计	978-7-5675-9462-3	46.00	2019年9月
语文学科课程群	978-7-5675-9441-8	56.00	2019年9月
品牌培育与学校课程	978-7-5675-9372-5	39.00	2019年9月
英语学科课程群	978-7-5675-9575-0	39.00	2019年10月
体艺学科课程群	978-7-5675-9594-1	34.00	2019年10月
跨学科课程的20个创意设计	978-7-5675-9576-7	34.00	2019年10月
学校课程与文化变革	978-7-5675-9343-5	52.00	2019年10月

品质课程实验研究丛书

书名	ISBN	价格	出版时间
学校课程框架的建构：HOME课程的旨趣与架构	978-7-5675-9167-7	36.00	2019年9月
聚焦育人目标的课程设计：红棉花季课程的愿景与追求	978-7-5675-9233-9	39.00	2019年10月

核心素养导向的课程设计:花园式课程的文化与聚焦

978 - 7 - 5675 - 9037 - 3　　48.00　　2019 年 10 月

学校课程文化的实践脉络:百步梯课程的逻辑与架构

978 - 7 - 5675 - 9140 - 0　　48.00　　2019 年 11 月

学校课程发展策略:SMILE 课程的逻辑与深度

978 - 7 - 5675 - 9302 - 2　　46.00　　2019 年 12 月

聚焦内涵发展的课程探究:芳香式课程的理念与实施

978 - 7 - 5675 - 9509 - 5　　48.00　　2020 年 1 月

以儿童为中心的课程:欢乐谷课程的旨趣与维度

978 - 7 - 5675 - 9489 - 0　　45.00　　2020 年 1 月

学校课程体系的建构:"小螺号课程"的架构与创生

978 - 7 - 5760 - 0445 - 8　　45.00　　2020 年 9 月

特色学校聚焦丛书

书名	ISBN	定价	出版时间
每一个孩子都是一棵树	978 - 7 - 5675 - 6978 - 2	28.00	2018 年 1 月
教育不是一个人的事:"众教育"36 条	978 - 7 - 5675 - 7649 - 0	32.00	2018 年 8 月
不一样的生命,一样的精彩	978 - 7 - 5675 - 8675 - 8	34.00	2019 年 3 月
童味正醇:特色学校的文化图谱	978 - 7 - 5675 - 8944 - 5	39.00	2019 年 8 月
特色普通高中课程建设探索	978 - 7 - 5675 - 9574 - 3	34.00	2019 年 10 月
儿童是天生的探索者:360°科学启蒙教育	978 - 7 - 5675 - 9273 - 5	36.00	2020 年 2 月
做精神灿烂的教师:教师自我成长的 5 个密码	978 - 7 - 5760 - 0367 - 3	34.00	2020 年 7 月
让教育温暖而芬芳	978 - 7 - 5760 - 0537 - 0	36.00	2020 年 9 月
快乐教育与内涵生长	978 - 7 - 5760 - 0517 - 2	46.00	2020 年 12 月

故事教育与儿童发展	978-7-5760-0671-1	39.00	2021年1月

跨学科课程丛书

大情境课程：主题设计与创意评价	978-7-5760-0210-2	44.00	2020年5月
社会参与素养的培育模型与干预机制	978-7-5760-0211-9	36.00	2020年5月
大概念课程：幼儿园特色主题活动设计	978-7-5760-0656-8	52.00	2020年8月

核心素养导向的课堂教学丛书

漾着诗性智慧的课堂教学	978-7-5675-9308-4	39.00	2019年7月
转识成智的课堂教学：核心素养导向的历史教学	978-7-5760-0164-8	40.00	2020年5月
学导式教学：学会学习的教学范式	978-7-5760-0278-2	42.00	2020年7月
高阶思维教学的关键技术	978-7-5760-0526-4	42.00	2021年1月

特色课程建设丛书

教师，生长的课程	978-7-5760-0609-4	34.00	2020年12月
学校课程发展的实践范式	978-7-5760-0717-6	46.00	2020年12月
丰富学习经历：如歌式课程的愿景与深度	978-7-5760-0785-5	42.00	2020年12月